Volker Hohlbein

# Mein Weg

Auf dem Jakobsweg bis ans Ende der Welt

Volker Hohlbein

# **Mein Weg**

Auf dem Jakobsweg bis ans Ende der Welt

Re Di Roma-Verlag

Bibliografische Information der Deutschen Nationalbibliothek:
Die Deutsche Nationalbibliothek verzeichnet diese Publikation in der Deutschen Nationalbibliografie; detaillierte bibliografische Daten sind im Internet über http://dnb.ddb.de abrufbar.

ISBN 978-3-86870-488-4

Copyright (2012) Re Di Roma-Verlag

Fotos: Volker Hohlbein

•

Alle Rechte beim Autor

www.rediroma-verlag.de
11,95 Euro (D)

# Inhaltsverzeichnis

| | |
|---|---|
| Vorwort | 7 |
| Packliste | 11 |
| Tag 0: Anreise | 15 |
| 1. Tag: Saint-Jean-Pied-de-Port – Roncesvalles | 20 |
| 2. Tag: Roncesvalles – Larrasoaña | 28 |
| 3. Tag: Larasoaña – Pamplona | 32 |
| 4. Tag: Pamplona – Puente la Reina | 35 |
| 5. Tag: Puente la Reina – Estella | 38 |
| 6. Tag: Estella – Los Arcos | 39 |
| 7. Tag: Los Arcos – Logroño | 43 |
| 8. Tag: Logroño – Nájera | 48 |
| 9. Tag: Nájera – Redicilla del Camino | 52 |
| 10. Tag: Redicilla del Camino – San Juan de Ortega | 56 |
| 11. Tag: San Juan de Ortega – Burgos | 59 |
| 12. Tag: Burgos – Hontanas | 62 |
| 13. Tag: Hontanas – Frómista | 65 |
| 14. Tag: Frómista – Carrión de los Condes | 67 |
| 15. Tag: Carrión de los Condes – Terradillos | 70 |
| 16. Tag: Terradillos – Reliegos | 71 |
| 17. Tag: Reliegos – León | 74 |
| 13. Tag: León – Hospital de Órbigo | 78 |
| 19. Tag: Hospital de Órbigo – El Ganso | 81 |
| 20. Tag: El Ganso – Molinaseca | 84 |
| 21. Tag: Molinaseca – Villafranca del Bierzo | 90 |
| 22. Tag: Villafranca del Bierzo – O Cebreiro | 93 |
| 23. Tag: O Cebreiro – San Mamede | 97 |
| 24. Tag: San Mamede – Gonzar | 100 |
| 25. Tag: Gonzar – Melide | 104 |
| 26. Tag: Melide – Pedrouzo | 106 |

| | |
|---|---|
| 27. Tag: Pedrouzo – Santiago de Compostela | 109 |
| 28. Tag: Santiago de Compostela | 114 |
| 29. Tag: Santiago de Compostela – Vilaserio | 116 |
| 30. Tag: Vilaserio – Olveiroa | 120 |
| 31. Tag: Olveiroa – Finisterre | 123 |
| 32. Tag: Finisterre | 128 |
| 33. Tag: Finisterre | 133 |
| 34. Tag: Finisterre – Lires | 135 |
| 35. Tag: Lires – Muxia | 138 |
| 36. Tag: Muxia – Santiago | 140 |
| 37. Tag: Santiago – Heyerode | 145 |
| Meine Erfahrung | 147 |
| **Fazit** | 148 |

# Vorwort

Im April und Mai 2012 ging ich den Jakobsweg. Der Gedanke daran entstand bereits ca. drei Jahre zuvor. Aufgrund einer persönlichen negativen Erfahrung in meinem Leben im Jahre 2006 hatte ich mir dieses Ziel gesetzt. Mit dem Jakobsweg und der damit verbundenen inneren Einkehr wollte ich dieses Thema für mich ein für alle Mal abhandeln und abhaken.

Mehr und mehr kam auch der sportliche Aspekt dazu. Kann ich diese Wanderung auf mich nehmen? Wie wird es sein, wenn man fast sechs Wochen nur mit sich selbst unterwegs ist?

Während meiner Wanderung stellte sich heraus, dass mein Hauptmotiv, den Jakobsweg zu gehen, nicht mehr vorhanden war. Es gab nichts mehr zu verarbeiten. Zu lang war die Zeit, die bereits dazwischen lag und zu unwichtig das Thema zwischenzeitlich geworden. Mein Leben war neu geordnet und es war gut so. Ich hatte schon lange meine innere Balance gefunden. Diese Erkenntnis erlangte ich aber erst unterwegs. Der Weg hat sich in jeder Hinsicht für mich gelohnt.

Ich wollte den, als klassischen Jakobsweg bezeichneten, „Camino Francés" laufen. Es gab viele Überlegungen, wo man beginnen sollte. In unzähligen Berichten hatte ich gelesen, dass Saint-Jean-Pied-de-Port den idealen Ausgangspunkt für den Jakobsweg darstellt. Man überquert gleich am ersten Tag die Pyrenäen über den Ibañeta-Pass. Das hörte sich sehr interessant an. Somit war für mich der Startpunkt festgelegt.

Ich hatte keine Ahnung, was mich unterwegs erwarten

würde. Mir war klar, dass ich mit wenig würde auskommen müssen. Es sollte eine Atempause in der sonst so schnelllebigen Zeit werden. Nur auf sich selbst reduziert erlangt man neue Erkenntnisse gegenüber sich selbst und anderen. Dass ich einige Menschen falsch eingeschätzt hatte, konnte ich auch unterwegs erleben. Heute sehe ich manche Dinge anders.
Als Pilger hatte ich mich bei Beginn meiner Wanderung nicht gesehen. Als ich in Santiago ankam war ich einer. Die Menschen, die ich unterwegs traf, haben mich teilweise berührt und teilweise überrascht. Die Freundlichkeit untereinander ist von Herzlichkeit geprägt. Man spricht miteinander, man grüßt sich bei jeder Begegnung. Ein stets zugerufenes „Buen Camino" oder einfach nur „Hola" ist ernst gemeint und man wünscht sich selbst und anderen „einen schönen bzw. guten Weg."
Man nimmt an dem Leben anderer teil. Der Jakobsweg hinterlässt Spuren. Ich bin von Saint-Jean-Pied-de-Port bis nach Santiago und dann weiter bis nach Finisterre zum „Ende der Welt" und weiter bis nach Muxia gegangen. Am Ende waren es fast 1.000 km zu mir selbst. Ich weiß nicht, ob man ein besserer Mensch wird, aber sicher ein anderer.
Der Alltag holt einen schnell zurück, aber es bleibt eine tiefe Erinnerung. Von dieser Erinnerung und den vielen Erlebnissen wird man lange zehren können. Vielleicht rauscht das Leben nicht mehr so schnell vorbei und man hält öfters mal inne, um die Schönheiten des Lebens zu genießen. Sei es nur, um mit guten Freunden zusammenzusitzen und zu reden, ihre Probleme zu

verstehen, oder öfters mal in die Natur zu gehen, um sich den Jakobsweg ein Stück nach Hause zu holen.

•

Meine direkte Planung begann im Januar 2012. Nach dem Lesen vieler Packlisten fing ich an, meine eigene Liste zu schreiben. Als erstes mussten gute Schuhe gekauft werden. Etwas Zeit würde ich noch brauchen, um diese gut einzulaufen. Ebenso wichtig wird ein guter Rucksack sein. Doch welche Größe brauchte ich? Da gingen die Meinungen weit auseinander. Ich entschied mich für einen Rucksack mit 40 + 10 Liter Fassungsvermögen. Die Entscheidung stellte sich am Ende als richtig heraus.

Der Temperaturbereich meines Schlafsacks war für die Witterung auf meinem Weg zu knapp bemessen. Nachts war es einfach noch zu kalt in den Herbergen. Mit einer zusätzlichen Decke, welche meist angeboten wurde, ging es aber recht gut.

Mein Regencape eignete sich leider überhaupt nicht. Es bot zwar den Platz, den Rucksack mit abzudecken, hielt aber den langen Weg nicht durch. Die regenabweisende Schicht auf der Innenseite löste sich mehr und mehr und die Funktion ging dahin. Insgesamt erwies sich meine Packliste aber als optimal.

Meinen Pilgerpass ließ ich mir in Deutschland von der „Schwäbischen Jakobusgesellschaft" in Oberdischingen im Vorfeld bereits zuschicken. Die Flugtickets für Hin- und Rückflug hatte ich ebenfalls zuvor schon gekauft. Somit stand der Termin für den 09.04. 2012 fest.

Jetzt brauchte ich nur noch das Einverständnis von meinem Chef, dass er mich für die geplanten sechs Wochen freistellen würde. Zum Glück war er von meinem Vorhaben angetan und ich bekam meine Auszeit genehmigt. Meine Frau zeigte sich gar nicht so richtig begeistert. Da sie aber meine Beweggründe kannte, bekam ich auch von ihr das Einverständnis, was mir natürlich sehr wichtig war. Meinem Jakobsweg stand nun nichts mehr im Wege.

# Packliste

**Allgemeines:**

| | |
|---|---|
| Rucksack Deuter ACT Lite 40+10 | 1500 g |
| Schlafsack Salewa Sigma micro | 650 g |
| 2 Nordic-Walking-Stöcke | 670 g |
| Stirnleuchte Acras AHL 19 LED | 115 g |
| Leinenbeutel (zum Einkaufen) | 50 g |
| Regencape | 130 g |
| Trinkblase Deuter Streamer 1 Lit. | 130 g |
| Alu-Trinkflasche mit Aufhänger | 130 g |
| **gesamt:** | **3375 g** |

**Kleidung im Rucksack:**

| | |
|---|---|
| 1 Pr. Sandalen | 515 g |
| 2 Pr. Trekkingsocken | 125 g |
| 1 Pullover (nachgekauft aufgrund kalten Wetters) | 260 g |
| 1 Funktionsunterhose lang | 190 g |
| 1 Funktionsunterhemd lang | 170 g |
| 2 Unterhosen | 140 g |
| 1 Pr. Flip-Flops (zum Duschen) | 190 g |
| 1 Cargohose lang (zum Wechseln) | 265 g |
| 2 Funktions-Shirts kurz | 330 g |
| 1 Pr. Flieshandschuhe | 105 g |
| 1 Badehose | 85 g |
| 1 Basecap | 110 g |
| **gesamt:** | **2485 g** |

**Toilettenartikel:**

1 Kulturbeutel mit   465 g
 Nassrasierer + Ersatzklinge
 Nivea Gesichtspflege 75 ml
 Sonnenschutzcreme LSF 20 / 50 ml
 Sport Duschgel 2 in 1 ( Haut und Haar) 50 ml
 Zahnpastakonzentrat 25 ml
 Zahnbürste
 Rasierschaum 50 ml

Kamm, Nagelknipser
2 Pk. Papiertaschentücher 50 g
Microfaserhandtuch 60x120 cm 200 g
Domal Reinigungstube 30 ml 40 g
**gesamt**: **755 g**

**Medikamente:**
verschließbarer PVC-Beutel mit: 320 g
  17 St. Brause-Magnesiumtabletten
(für Trinkwasserzusatz)
1 Pk. Compeed-Wundpflaster
(16 Stück in versch. Größen)
1 Ro. Rollenpflaster
1 Stick Fußcreme Compeed
(Profilaxe gegen Wundreiben)
1 Tube Bepanthen (20 g)
10 Tabletten Ibuprofen
12 Tabletten Imodium akut (gegen Durchfall)
1 kl. Fläschchen Antiseptikum 15 ml
1 Pk. Hansaplast-Pflaster (versch. Größen)
10 St. Ohropax
20 Pk. Salz 1g (für Trinkwasserzusatz)
**gesamt**: **320 g**

**Schreiben und Lesen:**

verschließbarer PVC-Beutel mit:
A5 Schreibheft (Tagebuch) 155 g
Buch Outdoor „Der Weg ist das Ziel" 245 g
Wörterbuch Spanisch-Deutsch 130 g
Pilgerpass 20 g
Reisedokumente (Flug/Zug) 50 g
Druckbleistift 15 g
Brillenetui mit Lese- und Sonnenbrille 210 g
**gesamt**: **825 g**

**Sonstiges:**
Digitalkamera + Ladegerät 210 g

| | | |
|---|---:|---|
| Handy + Ladegerät | 170 | g |
| Wertasche mit: | 130 | g |
| Pass | | |
| Kreditkarte / EC-Karte | | |
| Bargeld | | |
| 6 Klammern, Wäscheleine, 5 Sicherheitsnadeln, | 90 | g |
| Nähnadel und Garn | | |
| Taschenmesser | 40 | g |
| **gesamt:** | **430** | **g** |
| **Rucksack gesamt:** | **8190** | **g** |

**Kleidung für Anreise:**

| | | |
|---|---:|---|
| Trekkingsocken | 70 | g |
| Unterhose | 75 | g |
| Trekkinghose mit abnehmbaren Beinen | 420 | g |
| T-Shirt | 140 | g |
| Flies-Pulli | 340 | g |
| Adidas-Allwetterjacke mit Kapuze | 390 | g |
| **gesamt:** | **1435** | **g** |

Nach einigen Wanderungen mit gepacktem Rucksack in der heimischen Umgebung stellte ich zufrieden fest, dass sich das Gewicht gut auf dem Rücken verteilte und leicht zu bewältigen war. Da ich nicht der absolute Sportfreak bin, waren die Trainingsläufe sehr wichtig für mich, um meine Kondition zu testen. Ich wanderte einige Male 15 - 20 Kilometer und merkte schnell, dass es zu schaffen war. Für die Wanderung kaufte ich mir ebenfalls neue Schuhe. Mit einem Paar orthopädischen Sporteinlagen lief ich meine neuen Schuhe zu Hause ein. Somit konnte es losgehen.

Die Zeit bis zur Abreise war nun nicht mehr lang und ich fieberte dem Tag entgegen. Ich war in Aufbruchstimmung, aber auch Zweifel plagten mich. Nicht jeder zu Hause verstand meine Beweggründe. War es die Unwissenheit , warum man sich so etwas freiwillig antut, oder einfach nur Angst vor dem Ungewissen? Dieses Verständnis brauchte ich auch nicht. Es sollte *mein Weg* werden. Ich werde diesen Weg *für mich allein* und *mit mir allein* gehen.

Als Gründe werde ich später, im Pilgerbüro in Saint-Jean-Pied-de-Port, „sportlich" und sonstige Gründe" angeben.

## Tag 0: Anreise

Die letzte Nacht zu Hause kam ich nicht zum Einschlafen. Tausend Gedanken hielten mich wach. Morgen früh um 3:00 Uhr brechen wir auf. Habe ich alles eingepackt? Habe ich nichts vergessen? Klappt alles mit der Anreise? Mit flauem Gefühl im Bauch stand ich kurz nach 2:00 Uhr wieder auf. Meine Frau und mein Freund mit seiner Frau fuhren mich zum Flughafen. Auf der Fahrt hatte ich meine „Pilgerkleidung" bereits an. Diese Schuhe sollen mich in den nächsten 40 Tagen über 900 Kilometer tragen! Außer mir waren da auch noch ca. acht Kilogramm Gepäck zu tragen. Meine Packliste hatte ich sorgfältig zusammengestellt. Ich hoffte, dass alles Wichtige dabei sei.

Pünktlich um 3:00 Uhr starteten wir nach Frankfurt. Am Flughafen war es um 5:00 Uhr morgens noch ziemlich ruhig. Erst mal zum Check-In. Na super, meine Trekkingstöcke durften nicht am Rucksack bleiben! Die Stöcke sollte ich als Handgepäck mit mir führen. Ich musste zum Sicherheitspersonal und nachfragen, ob es möglich ist.

„Kein Problem, sind ja keine Spitzen dran", sagte mir dort ein Beamter.

„Alles klar!"

Gut, dass ich zu Hause noch die Gummipuffer aufgesteckt hatte. Die Sicherheitsleute wandern anscheinend nicht so oft, sonst wüssten sie, dass Trekkingstöcke auch Spitzen haben. Also gut, der Rucksack konnte eingecheckt werden. Stöcke in die Hand, Bordkarte, fertig zum Abflug, aber vorher kam noch der schwerste Teil der Abreise.

Ich ging wieder zurück zu meiner Frau und meinen beiden Freunden. Da noch genügend Zeit bis zum Boarding blieb, tranken wir erst noch einen Kaffee. Wir flachsten ein bisschen rum und sprachen über die nächsten Wochen. Mein Magen fühlte sich immer noch nicht besser an.

Jetzt kam der Moment, von dem ich so oft in anderen Pilgerberichten gelesen hatte, die Trennung. Die Freude über mein bevorstehendes Abenteuer war riesengroß, aber musste das sein, dass vor diese Freude erst mal ein leidvoller Moment gesetzt wurde? Vielleicht war es aber wichtig, um zu spüren, dass man auch Opfer bringen muss, obwohl das größte Opfer meine Frau brachte. Ich ging ja weg und sie blieb da. Ich war der Egoist, der sich diese Auszeit nahm. Ich war der, der diesen Weg allein gehen wollte. Um so mehr war ich froh, dass sie mir diesen Freiraum ließ. Wenn man jemanden liebt und ihn halten will, so muss man ihn gehen lassen. Hört sich doch super an, aber es dann auch zu tun, ist doch schon etwas anderes. Danke, mein Schatz.

„Also dann".

Wir umarmten uns ein letztes Mal, wünschten uns alles Gute und hofften auf eine glückliche und gesunde Wiederkehr. Ein letzter Kuss und dann ging's zum Sicherheits-Check. Meine Stöcke durften wirklich mit. Meine Frau und meine Freunde standen noch hinter der Absperrung und warteten, dass alles gut geht. Wir konnten uns nur noch zuwinken. Ab jetzt war ich allein.

Mein Flug ging um 7:30 Uhr nach Paris. In „Charles de Gaulles" hatte ich einen Zwischenstopp für ca. vier

Stunden. Das musste reichen, um zum Flughafen nach Paris „Orly" zu wechseln. Von dort ging es dann nach Biarritz weiter. Vor dem Flughafen fuhr der Bus direkt zum Flughafen „Orly". Bei einem Preis von 19,- € war es keine billige Angelegenheit, aber dafür muss man nicht umsteigen und kommt direkt zum Terminal in „Orly". Die Zeit reichte aus und ich kam rechtzeitig an. Um 13:00 Uhr flog ich von Paris weiter nach Biarritz.

Die Ankunft im französischen Biarritz verlief ohne Probleme. Vor dem Flughafen fuhr der Bus Linie 14 für nur 1 € direkt zum Bahnhof nach Bayonne. Sehr preiswert, wie ich fand. Im Bus lernte ich bereits zwei junge Männer aus Irland kennen. Gleichgesinnte sprechen sich hier an. Die Beiden wollten die Nordroute, den „Camino de Norte" gehen und hatten Zelte dabei. Im Gegensatz zu mir hatten sie aber keinen Zeitplan. Mein Flug zurück war bereits gebucht. Mit 13 kg Gepäck würden sie es nicht leicht haben. Ich war gespannt, ob man sich wiedersehen würde.
Biarritz selber zeigte sich von seiner schönsten Seite. Super Wetter, blauer Himmel und es war angenehm warm. So konnte es für die nächsten Wochen bleiben. Dass ich dem „Camino" (so nennt man den Jakobsweg in Spanien) näherkam, merkte man schon daran, dass hier viele Leute umherliefen, die mit einem Rucksack bepackt waren. Am Bahnhof in Bayonne kam die große Ernüchterung. Der nächste Zug fuhr erst um 21:11 Uhr. Das waren noch fünf Stunden! Blieb Zeit, sich die Stadt anzusehen.
Zwischenzeitlich lernte ich bereits Hans aus Schweden

kennen. Wir suchten uns ein kleines Café, aßen gemeinsam und fragten uns einander über das *Woher* und *Warum* aus.

Pünktlich um 21:11 Uhr fuhren wir endlich weiter. Der Zug nach Saint-Jean-Pied-de-Port war nicht der schnellste und so kamen wir erst gegen 22:30 Uhr dort an. Jetzt war die spannende Frage, ob ich in Saint-Jean-Pied-de-Port noch ein Bett bekommen würde? Vorgebucht hatte ich nicht, da ich annahm, rechtzeitig anzukommen, um mir in Ruhe ein Quartier zu besorgen.

Etwas harmonischer hatte ich mir die Anreise schon vorgestellt. Das Pilgerbüro würde sicher nicht mehr geöffnet haben, wenn ich ankam. Verzagen galt nun nicht, so wie es kommt, kommt es eben! Jetzt hieß es schleunigst das Pilgerbüro finden. Vielleicht ging ja doch noch etwas.

Im Reiseführer von Raimund Joos stand, dass die Pilgerinformation von Ehrenamtlichen der französischen Pilgerbruderschaft betrieben wird und bis nach Ankunft des letzten Zuges geöffnet haben soll. Am Ostermontag - für mich nicht so recht vorstellbar!

Mittlerweile war unsere Gruppe bereits auf über zehn Leute angewachsen. Somit war ich nicht allein mit meinem Problem. Nach kurzen Suchen hatten wir das Pilgerbüro gefunden und der Tag wollte sich doch wieder mit uns versöhnen. Es war noch offen! Da saßen doch tatsächlich drei Frauen und warteten auf den letzten Zug. Schnell wurden wir eingewiesen und unsere Länderherkunft wurde erfasst. Währenddessen fragte ich mich, warum diese drei Frauen am Ostermontag um diese Zeit noch hier saßen und ihre Zeit mit dem Emp-

*Herberge in Saint-Jean-Pied-de-Port*

fang von verrückten Pilgern verbrachten. Das musste wohl eine Art Berufung sein. Eine Dame brachte uns dann ein paar Häuser weiter und wir fanden dort unsere Bleibe für die erste Nacht. Den drei Pilgern, die bereits in der Herberge im Bett lagen und durch unsere Ankunft munter wurden, sei um Vergebung gebeten. Ihre Nachtruhe hatten wir mit unserer Ankunft gründlich unterbrochen. Rasch wurde der Schlafsack das erste Mal ausgerollt. Nachdem ich noch schnell eine SMS nach Hause geschickt und meine glückliche Ankunft mitgeteilt hatte, war endlich Nachtruhe angesagt. In der kleinen Waschstube machte ich mich noch etwas frisch und die erste Nacht auf meinem Camino begann. Zum ersten Mal schlief ich mit lauter fremden Menschen zusammen in einem Raum. Trotz der zehn Bettgenossen im Zimmer verlief die Nacht sehr still und meine Ohropax konnten im Rucksack bleiben. Morgen fing mein großes Abenteuer endlich an! Ich glaube, ich schlief mit einem Lächeln ein.

•

## 1. Tag: Saint-Jean-Pied-de-Port – Roncesvalles
(27,2 km)

Am Morgen ging es so gegen 6:00 Uhr bereits los. Die ersten Pilger brachen schon auf und der Rest konnte dann auch nicht mehr schlafen. Sicher waren die anderen genauso aufgeregt wie ich, dass es nun endlich losging. Ein Blick aus dem Fenster zeigte, dass es draußen trocken war. Kein Regen! Na ja, die Sonne wird auch noch kommen. So war zumindest mein Plan, aber irgendjemand hatte einen ganz anderen Plan für diesen Tag.
In unserer Herberge gab es nur ein minimalistisches Frühstück, aber wenigstens viel Kaffee. Den Café au lait (Milchkaffee) bekamen wir in einer großen „Kompottschale" von den Frauen der Herberge serviert. Mein Kaffeebedarf war damit erstmal für längere Zeit gedeckt. Jetzt noch schnell ins Pilgerbüro, um die letzten Informationen zu bekommen. Die drei Damen von gestern Abend waren auch wieder da und die eine kannte sogar noch meinen Vornamen. Bei den vielen Leuten jeden Tag hielt ich das schon für erstaunlich. Jetzt erhielten wir auch die Jakobsmuschel. Diese band ich gleich an meinen Rucksack. Nun war ich für Jedermann als Jakobspilger zu erkennen. Noch ein paar wichtige Hinweise für unterwegs, ein letztes „ Merci Bocour und Arevoir" und es konnte losgehen. Um punkt 8:00 Uhr trat ich auf die Straße. Vom Pilgerbüro führte der Weg bergab bis zum „Spanischen Tor". Nach weiteren 100 m musste man sich schon entscheiden, welche Route man gehen will. Rechts führt die Route über die Landstraße,

links geht es den höheren und steileren Weg über den Pass. Natürlich ging ich links, den „richtigen" Weg, die „Route Napoleon".
Kurz hinter Saint-Jean-Pied-de-Port merkte ich bereits,

*Pilgerbüro in Saint-Jean-Pied-de-Port*

dass mein Plan mit dem Wetter ins Wanken geriet. Dichte Wolken zogen auf und kurz darauf fielen auch schon die ersten Tropfen. Noch viel schlimmer aber war der Wind. Ich bekam kaum mein Regencape übergezogen, ohne dass es fast wegflog. So, geschafft, weiter geht's! Dass das Wetter auch mal schlechter sein würde, war ja klar gewesen, aber musste das gleich am ersten Tag sein? Es sollte aber noch dicker kommen, viel dicker! Gleich zu Beginn ging es ziemlich steil bergauf und das sollte auch so bleiben. Saint-Jean-Pied-de-Port liegt auf ca. 200 m Höhe. Das erste Ziel hieß Hunto. Das kleine Bergdorf liegt bereits auf 500 m Höhe und ca. 5 Kilometer entfernt.

*Das Spanische Tor in Saint-Jean-Pied-de-Port*

*Blick zurück ins Tal*

Das ließ sich noch halbwegs meistern. Danach führte der Weg richtig aufwärts bis Orisson. Der Regen hatte zwischenzeitlich aufgehört und die Sonne schien sogar ab und zu. Der Wind wurde immer stärker und man musste teilweise ziemlich dagegen ankämpfen. Irgendwie kam mir der Gedanke, dass der Wind beauftragt war, mich wieder zurück zu wehen. So ein Blödsinn! Wer sollte das wollen? Ich kämpfte tapfer weiter und erreichte so gegen 10:30 Uhr die Herberge in Orisson. Jetzt erst mal einen „café con leche" (Milchkaffee) und eine heiße Suppe. Orisson liegt auf ca. 800 m Höhe, aber die höchste Stelle vom Pass über die Pyrenäen liegt bei 1.420 m. Mein T-Shirt war bereits total durchgeschwitzt und ich zog mir gleich ein neues an. Nach einer guten halben Stunde brach ich wieder auf. Bis zum Ziel lagen noch 19 Kilometer und der Pass vor mir. Die nächsten zwei bis drei Kilometer gingen zwar gut bergauf, bei Sonnenschein und trotz des starken Windes kam ich aber gut voran. Irgendwie wollte die Steigung

*Herberge in Orisson*

*Markierung am Wegesrand*

kein Ende nehmen. Der Wind wuchs langsam zum Sturm heran und das Geradeauslaufen wurde zusehends schwieriger. Kam er direkt von vorn, musste ich mich stark nach vorn beugen, sonst hätte es mich umgehauen. „Das wird wieder besser", redete ich mir unermüdlich ein. Und wie das besser wurde!

Dass ich irgendwann die spanische Navarra betrat, bemerkte ich gar nicht. Zu sehr war ich mit mir und dem Sturm beschäftigt. Dass nun wieder der Regen einsetzte, musste ja wohl so sein. Mein Regencape hing zwar über

*Bergab Richtung Roncesvalles*

mir, machte aber, was es wollte. In diesen Höhenlagen war das für mich auch kein Sturm mehr, sondern schon ein Orkan. Zum Glück hörte der Regen erst einmal auf, dachte ich zumindest. Aber nein, er machte nur Platz für den einsetzenden Hagel!
Die Temperatur fiel mittlerweile ziemlich in den Keller. Das war der Moment, wo ich richtig froh darüber war, meine Flieshandschuhe doch mitgenommen zu haben. Vom Gürtel abwärts total durchnässt fror ich zusehens mehr und mehr. Und es stieg immer noch weiter an.
Zu dieser Zeit merkte ich langsam, wie meine Kräfte sich Stück für Stück von mir verabschiedeten. Vor mir und hinter mir war kein einziger Pilger zu sehen. Ich stand allein auf dem Berg mit Hagel, Sturm und nur noch einem kleinen Rest an Kraft. Zum Glück hatte ich in Orisson ein Baguette mit Schinken gekauft. Dessen Stunde schlug jetzt!
Ich dachte nur: „Du musst mir jetzt die nötige Kraft geben, damit ich über diesen Berg komme." So lecker hatte mir noch nie ein Schinkenbaguette geschmeckt. In Gedanken schickte ich tausendmal Dank in die Herberge nach Orisson. Das hätte sich der Wirt dort sicher nicht träumen lassen, dass er heute noch mein Retter wird.
Als ich während des Essens meine Gedanken so schweifen ließ, musste ich mir selber den Vorwurf gefallen lassen, wie dumm es doch war, hierher zu kommen. Aber ich hatte es doch selbst gewollt und war doch trotz meiner 47 Jahre noch topfit, oder? Na ja, egal, durchnässt, durchgefroren und total k.o. schleppte ich mich weiter. Zum Glück hagelte es ja nicht mehr. Nein, es regnete

wieder!

Endlich erreichte ich den höchsten Punkt des Lopoeder-Passes. Mir war das aber in dem Moment total egal, ich wollte nur weiter. Vor mir tauchte plötzlich eine Pilgerin auf.

„Oh, bin ich doch nicht alleine unterwegs!", dachte ich. Sie wartete am Wegesrand und bat mich ihren Regenponcho über ihren Rucksack zu ziehen. Natürlich half ich gern und zog auch gleich mit forschem Schritt weiter. Meine Kräfte kamen nach und nach wieder. Es ging jetzt nicht mehr bergauf. Kurz vor Roncesvalles führte die Route dann drei bis vier Kilometer durch ein Waldgebiet bergab, so steil bergab, dass es sehr anstrengend für die Füße war. Mein Ziel rückte aber näher und mit ihm kam auch meine gute Laune wieder. Wenn ich das hier bewältigt habe, schaffe ich einfach alles!

Um 15:00 Uhr erreichte ich frohen Mutes Roncesvalles. Der Ort besteht hauptsächlich aus einem Kloster und zwei Restaurants für Pilger und Touristen. Erst einmal ein Bett suchen. In der Herberge der Abtei gab es auch gleich den Stempel und dazu das ersehnte Bett.

Plötzlich stand Hans aus Schweden wieder vor mir. Am Morgen war er vor mir aufgebrochen und jetzt stand er da. Ich glaube,

*nach der langen Tour*

er war genauso froh wie ich, dass wir es geschafft hatten.

Die Herberge war 2011 erst neu eröffnet worden und gut eingerichtet. Als Erstes den Schlafsack auf „meinem" Bett ausbreiten, somit weiß jeder Pilger, dass dieses Bett belegt ist. Der Schlafsaal selber bestand aus

*Schlafsaal in der Abtei*

lauter einzelnen, abgetrennten Kabinen mit jeweils 2 Doppelstockbetten. Insgesamt waren es so ca. 100-120 Betten. Platz für Privatsphäre blieb da nicht. Ich überlegte: „Wie wird es diese Nacht werden, bei so vielen Menschen? Kann ich hier abschalten und erholsamen Schlaf finden?"

Doch jetzt war nicht die Zeit darüber nachzudenken. Ich war angekommen und das war das Wichtigste.

Als Nächstes ging es unter die Dusche. Wie belebend so eine Dusche doch sein kann! Zu Hause ist das alles selbstverständlich und man macht sich gar keine Gedanken darüber.

Meine Hose sah aus wie nach einer Schlammkur, also war nach meiner Reinigung das Equipment dran. Im Keller gab es einen großen Waschraum und so machte ich mich an meine erste Handwäsche. Ich war mit dem Ergebnis äußerst zufrieden, schleuderte alles und hängte es zum Trocknen auf. So, fertig! Jetzt noch die

Bettstatt fertig machen und überlegen, was der Abend noch so bringt. Ganz oben auf meiner Liste stand die Nahrungsaufnahme.

Im Hotel „La Posada", unterhalb der Abtei, gab es um 19:00 Uhr das Pilgermenü. So ein Pilgermenü besteht immer aus drei Gängen, der Vorspeise (Primero Plato), dem Hauptgericht (Secundo Plato) und dem Nachtisch (Postre). Dazu erhält man meist noch Brot, Wasser und Wein. Für uns stand heute Macarones (Makkaroni mit Tomatensoße), danach Trucha (gebratene Forelle mit Pommes) und zum Nachtisch Flan (Pudding) auf der Menüliste. Wasser und Rotwein waren bei dem Preis von 9,- € inklusive. Das hielt ich für wirklich preiswert und ich war am Ende auch satt.

Wir saßen bunt gemischt aus mehreren Ländern zusammen am Tisch. Ich würde dringend mein Englisch verbessern müssen, denn auf dem Camino wird scheinbar vorwiegend Englisch gesprochen. Wenn ich jeden Abend mein Essen mit so vielen Leuten einnehmen würde, werde ich wohl eine Vielzahl an Pilgern kennen lernen.

Um 20:00 Uhr sollte dann noch die Segnung der Pilger in der Kirche stattfinden. Nicht alle Pilger gingen zur Messe, aber für mich war es heute ein tiefes Bedürfnis. Während der Messe ließ ich den Tag vor meinem inneren Auge Revue passieren. Mein erster „Wandertag" ging zu Ende und ich stand hier unter so vielen fremden Menschen fernab der Heimat. Ich kam mir etwas einsam vor.

Von der Andacht verstand nicht sehr viel, eher wohl gar nichts, außer „Peregrino", „Compostela" und „Camino." Ich denke aber, dass der Priester uns allen Gottes Segen und einen guten Weg nach Compostela gewünscht hat.

Jetzt noch ein kurzer Gruß nach Hause und dann ins Bett. Ich weiß nicht genau, wo meine Grenzen liegen, aber heute war ich wohl verdammt nah dran. Die Strapazen des Tages vergaß ich aber schnell und ich freute mich schon auf den nächsten Tag.

•

## 2. Tag: Roncesvalles – Larrasoaña
(28,4 km)

Der Tag begann bereits um 6:00 Uhr. Erst gingen die Lichter an und dazu kam leise Musik aus den Deckenlautsprechern. „Ach ja", wir waren ja in einer Abtei, deshalb diese kirchlichen Weisen. Geschlafen hatte ich wie ein Murmeltier. Nach der Morgentoilette holte ich meine Wäsche von gestern aus dem Waschraum im Keller. Es war alles noch da und auch gut getrocknet. Stolz auf meine erste gelungene Wäsche ging ich zurück. Mittlerweile herrschte schon reges Treiben im Schlafsaal. Alle waren am Packen. Nach kurzer Fußpflege verstaute ich alle meine Sachen im Rucksack und verließ mein Bett so, wie ich es am Vortag vorgefunden hatte. Da die Herberge leider kein Frühstück anbot, konnte es auch gleich losgehen.

Am Ausgang standen bereits viele Pilger in Startposition. Als ich zur Tür heraustrat, bemerkte ich in die-

*Auf dem Weg nach Zubiri*

sem Moment erst, dass es draußen noch dunkel war. Ein Blick auf die Uhr, 7:00 Uhr, Zeit zum Losgehen! Neben mir stand Hans aus Schweden und wir beschlossen, ohne es zu sagen, zusammen aufzubrechen. Gleich am Ortsausgang von Roncesvalles stand ein Schild mit der Aufschrift „Santiago de Compostela 790 km". Das Ziel lag noch weit entfernt, aber ich war auf dem Weg dorthin.

Durch den folgenden Wald wanderten wir bei ziemlicher Dunkelheit. Der Weg war nur schemenhaft zu erkennen, aber an meine Stirnlampe dachte ich in diesem Moment nicht.

Das erste Ziel lag in drei Kilometer Entfernung. Ein kleines Dorf mit Namen Burguete, wo eine Bar auf uns wartete. Genau richtig für einen ersten Kaffee und ein frisches Baguette.

Gut gestärkt nach unserem Frühstück machten wir uns auf den Weg nach Zubiri. Das sollte heute mein Tagesziel werden. 22,8 Kilometer am 2. Tag dürften gut zu schaffen sein. Als wir Burguete verließen, lagen uns die Pyrenäen im Rücken, welche ich gestern überquert hatte. In der Nacht musste es geschneit haben. Die Gipfel leuchteten heute schneebedeckt. Schnee war das Einzige, was mir gestern noch gefehlt hätte. Heute meinte es das Wetter gut mit uns. Etwas kühl noch, aber von oben trocken.

Während wir so still nebeneinander herliefen, lauschte ich in mich hinein und fragte nacheinander alle Körperteile ab. Von meinem Rücken kam ein eindeutiges „ok." Das Gewicht vom Rucksack war kein Problem.

*Die Brücke nach Larasoaña*

Meine Beine wollten auch weiter, nur mein linker Fuß meckerte etwas. „Ich habe dich doch heute morgen so schön mit Compeed versorgt, also spiel jetzt auch mit!" Der Weg war gut zu gehen und die Landschaft war fantastisch. Selbst die Sonne warf hin und wieder mal einen Blick auf uns. Kurz vor Zubiri trennte ich mich von Hans. Ich brauchte eine Pause. Die nutzte ich, um mich mit meinem Fuß wieder zu versöhnen.

Schuhe aus und frische Luft, das würde gut tun. Zum krönenden Abschluss gab es auch noch gleich ein paar frische Socken, das musste aber dann auch reichen. Kurz vor Zubiri warf ich einen Blick auf die Uhr. Da es erst gegen 12:00 Uhr war, keimte in mir mehr und mehr der Gedanke auf, nicht in Zubiri zu bleiben, sondern noch weitere 5,2 Kilometer bis Larasoaña zu schaffen. Der Tag war noch recht jung und ich hatte keine Lust mich so lange in der Herberge aufzuhalten. Vorher legte ich aber eine längere Rast ein und gönnte mir noch einen schönen café con leche.

Der Weg nach Larasoaña gestaltete sich dann noch, trotz teilweise steinigen Wegen, sehr angenehm und meine Füße hatten offenbar auch nichts dagegen. Ich genoss die Einsamkeit auf den wunderschönen Waldwegen und kam, ohne es richtig gemerkt zu haben, in Larasoaña an. Von der Brücke am Ortseingang sah ich Hans schon von weitem, als er gerade den Dorfplatz überquerte. Die Entfernung zu ihm war aber zu groß, als dass ich ihn hätte rufen können.

Ich machte mich sogleich auf die Suche nach einer Unterkunft für die Nacht. Leider stellte ich bei meiner Ankunft fest, dass die einzige kommunale Herberge dort nicht so toll war. Es gab 14 Betten in einem kleinen Raum und ich hatte auch noch das Glück, dass niemand Deutsch bzw. Englisch sprach. Um 18:00 Uhr ging ich ins Restaurant. Dort traf ich dann einige bekannte Pilgerfreunde wieder. Erst saß ich mit Peter und seiner Frau Gertrude, einem Ehepaar aus Österreich, am Tisch, danach wurde es aber noch richtig international. Es gesellten sich noch weitere Pilger aus Holland, Spanien,

Frankreich, USA und Kanada zu uns an den Tisch. Es wurde noch ein sehr schöner Abend und wir hatten viel zu erzählen. Irgendwie versteht man sich einfach. Das Menú del Peregrino (Pilgermenü) war richtig lecker in dem Restaurant und so ging der Tag um 22:00 Uhr für mich zu Ende. Hans traf ich leider nicht mehr an diesem Abend. Später hörte ich, dass er in einer private Unterkunft Quartier gefunden hatte. Morgen wollte ich es bis Pamplona oder weiter schaffen. Ich war schon gespannt, wen ich alles treffen würde.

•

### 3. Tag: Larasoaña – Pamplona
(16,3 km)

Die Nacht war von sehr viel Unruhe gekennzeichnet. Das Bett neben mir war wohl im Begriff das Zeitliche zu segnen. Es krächzte und quietschte bei jeder Bewegung und der Mann in dem Bett bewegte sich ständig. In den Zeiten, in denen er mal ruhig lag, wurde er sofort von einem anderen Schläfer mit lautem Schnarchen abgelöst. Irgendwie endete die Nacht doch und um 6:00 Uhr war allgemeines Aufstehen. Heute sollte es nur eine kurze Etappe werden, also hatte ich keine große Eile.
Kurz nach 7:00 Uhr marschierte ich dann allein los. Alle anderen waren schon weg. Da es auch in dieser Herberge kein Frühstück gab, plante ich meinen ersten Stopp für die nächsten drei bis fünf Kilometer.
In der Ortsmitte von Larasoaña standen zwei Automaten mit Getränken und Süßigkeiten. Natürlich zog

ich daran vorbei und nahm nichts mit. „Ich mache ja bald Frühstück", dachte ich zu dieser Zeit noch.

Der Weg führte an einem großen Werk vorbei, wo es sehr laut war. Schon von weitem hörte man den Fabriklärm. Die Route selber lief sich aber gut, bis jetzt jedenfalls. Je länger ich unterwegs war, desto mehr meldeten sich meine Füße. „Haltet durch, heute sind es doch weniger Kilometer als die letzten beiden Tage."

*Das Rathaus von Pamplona*

Nach über 10 Kilometern hatte ich immer noch keine Bar oder ein Café gesehen. Ich musste dringend anhalten und meine Füße versorgen. Schuhe und Socken ausziehen, zwei neue Pflaster kleben und frische Socken wieder drüber. Das war eine Wohltat und es lief sich bedeutend besser.

Mein Hunger meldete sich immer lauter.

„Hätte ich doch nur etwas an den Automaten in Larasoaña mitgenommen! Das passiert mir nicht noch einmal."

Nur Trinken allein hilft nicht, der Körper will mehr.

Im kleinen „Gang" trottete ich weiter, bis ich endlich die Brücke vom Kloster Trinidad de Arre erreichte. Jetzt war es nicht mehr weit. Durch die Vororte Villava und Burlada erreichte ich, total am Ende meiner Kräfte, die Stadtmauern von Pamplona. Lange suchen konnte ich heute nicht. Ehe ich ewig in meinem Outdoor-Führer den Weg zum Refugio suchen musste, wollte ich mich lieber direkt durchfragen.

Mit Hilfe eines netten Herrn fand ich kurz vor 12:00 Uhr die Herberge „Jesús y Maria". Keinen Schritt weiter!

Pünktlich um 12:00 Uhr wurde die Herberge geöffnet und ich bekam gleich das dritte Bett. Sofort warf ich meinen Rucksack ab, legte meinen Schlafsack auf das obere Bett und kroch sofort hinein. Die wohlige Wärme breite sich in meinem Körper aus und ich wollte nur noch schlafen. Ich musste dringend etwas essen! Nein, ich musste erstmal ruhen! Ein Hin und Her der Gefühle, aber von meinen Füßen kam auch mehr der Drang nach Ruhe.

Nach anderthalb Stunden kletterte ich wieder aus meinem Bett und kehrte eine Straße weiter in eine Bar ein. Erst mal eine Tasse Kaffee und ein Bocadillo (belegtes Brötchen), das tat richtig gut. Der Tag heute war mir eine Lehre.

Wieder in der Herberge zurück duschte ich erst einmal und machte anschließend meine erste Maschinenwäsche. Gegen 19:00 Uhr suchte ich mir ein Restaurant für das Abendessen. Ich fühlte mich mehr und mehr schlechter. „Sollte ich mich etwa erkältet haben?" Nach dem Essen, was ich nicht einmal schaffte, steuerte ich sofort wieder das Refugio an und nach einer Tablette fiel ich gleich ins Bett. Das war mein dritter Tag. Das konnte ja heiter werden!

## 4. Tag: Pamplona – Puente la Reina
(23,8 km)

Die Nacht verstrich im Schneckentempo. Ich fand einfach keinen Schlaf. Ich hatte mir wohl eine richtige Grippe eingefangen. Husten, Schnupfen und Fieber, genau das, was man alles nicht braucht. Irgendwann wurde es 6:00 Uhr und das Aufstehen begann. Bereits in der Nacht war bei mir der Entschluss gereift nicht zu laufen, sondern mit dem Bus nach Puente la Reina zu fahren. Ich wollte einfach nur schnellstmöglich mein nächstes Bett erreichen. Mühsam kämpfte ich mich aus meinem Bett und ging zur Morgentoilette. Ich fror einfach nur. Ich musste auch noch meine Wäsche von gestern von der Leine nehmen und wieder im Rucksack verstauen.

Zum Glück war alles schön trocken geworden. Im Bett neben mir lag ein junger Mann aus Mexiko, den ich bereits bei meiner Ankunft in Pamplona vor der Zitadelle getroffen hatte. Er pausierte aufgrund seiner Blasen an den Füßen bereits einen Tag in Pamplona. Wir hatten uns am Abend noch kurz unterhalten und er sagte mir, dass er morgen wieder versuchen wollte zu laufen. Als ich das Refugio verließ und mich auf die Suche nach dem Busbahnhof machte, sah ich ihn kurze Zeit später in den Straßen der Altstadt noch einmal. Sofort bemerkte ich, dass er noch sehr große Probleme hatte. Sein Gang war von Schmerzen geprägt und ich dachte: „Mein Freund, heute wirst du nicht weit kommen!"
Meine Füße machten mir im Gegensatz zu meinem restlichen Körper so gut wie keine Probleme. Die Com-

peed-Pflaster halfen wirklich super.

Nach ca. 20 Minuten Weg fiel mir auf, dass ich meine Trekking-Stöcke in der Herberge vergessen hatte. Na echt super, das fehlte mir gerade noch. Also zurück und das Ganze noch mal von vorn. Die Stöcke standen auch noch genau in der Ecke, wo ich sie gestern abgestellt hatte. Wieder einmal war bewiesen: „Was man nicht im Kopf hat, muss man in den Füßen haben!"

Nach mehrmaligen Nachfragen und etlichen Umwegen fand ich schließlich die zentrale Busstation. Die war auch wirklich leicht zu übersehen, da sich der ganze Komplex unter der Erde befand. Nach weiteren 20 Minuten fuhr der Bus auch schon los.

In Puente la Reina angekommen steuerte ich erstmal die Touristeninformation an. Sie liegt genau vor der berühmten Brücke. Heute brauchte ich ein Einzelzimmer. Die Dame am Infostand gab mir einen Stadtplan und dann auch noch gleich die Preise von den Hotels und Pensionen in Puente la Reina.

Statt des Hotels für 135,- € / Nacht entschied ich mich dann doch für das preiswertere Zimmer für 45,- €. Auch das war noch teuer genug, aber we-

*Tor zur romanischen Brücke über den Fluss Agra in Puente la Reina*

nigstens waren in dem Preis das Abendessen und das Frühstück eingeschlossen. Gegen Mittag lag ich dann endlich im Bett. Jetzt richtig unter die Decke kuscheln und den Rest musste jetzt mein Viren-Vernichtungsapparat erledigen. Doch schlafen konnte ich wieder nicht! Gleich neben dem Hotel stand die Kirche und jede Viertelstunde erinnerten mich die Glocken daran.

Um 19:00 Uhr stand ich wieder auf und begab mich auf den Weg zur Apotheke. Zum Glück sprach der Mann hinter dem Ladentisch gut Englisch und mit meinen, zum Teil sehr gestenreichen Worten, erkannte er sofort was mir fehlt. Der nette Apotheker gab mir etwas gegen Fieber, Husten und Schnupfen. Im Hotel nahm ich noch mein Abendessen ein. Gegen 21:00 Uhr lag ich wieder in meinem Bett.

Der Tag verlief heute überhaupt nicht so, wie ich mir meinen Camino vorgestellt hatte. Dass es Tiefs gibt, davon hatte ich öfters gehört und gelesen, aber dass es schon so schnell gehen kann, damit hatte ich nicht gerechnet. Aber es gab auch Positives, meine Füße passten sich langsam an. Ich hoffte nur, dass ich diese Nacht besser schlafen könnte.

•

## 5. Tag: Puente la Reina – Estella
(22,2 km)

Die Nacht kroch dahin wie die letzten beiden. An Schlaf war nicht zu denken. Als es endlich Morgen wurde, schleppte ich mich um 8:00 Uhr zum Frühstück. Dass es ziemlich spartanisch ausfiel, machte mir aber nichts aus, da ich sowieso kaum etwas essen konnte. Laufen konnte ich heute jedenfalls noch nicht wieder, das war schon mal sicher!
Meine Laune war total im Keller. Ich war richtig böse auf mich selbst, obwohl ich genau wusste, dass es nicht zu ändern war. Wieso musste mir das gerade jetzt und hier passieren?
Also stieg ich wieder in den Bus, der mich zu meinem nächsten Etappenziel, Estella, brachte. Es regnete bereits den ganzen Morgen. Da war es im Bus doch angenehmer.
In Estella machte ich mich gleich auf die Suche nach der Touristeninformation und ließ mir eine private Unterkunft zu einem preiswerten Einzelzimmertarif geben. Mit dem Stadtplan fand ich es schnell. Preiswert war es bestimmt, aber bei 20,- € kann man eben auch nicht ganz so viel erwarten. Das Zimmer selber war noch nicht mal so ganz schlecht. Leider roch es in dem ganzen Haus aber nach Pommes. Der Geruch zog durch alle Ritzen.
„Eine Nacht würde es schon gehen", dachte ich.
Nach und nach hatte ich das Gefühl, dass es wieder bergauf mit mir ging. Ich hoffte, dass ich morgen wieder zu Fuß unterwegs sein könnte.
Am Nachmittag schlenderte ich für eine Stunde durch

die Stadt. Die frische Luft würde mir gut tun. Abends aß ich nur eine Kleinigkeit. So richtig wollte es noch nicht schmecken, aber irgendetwas musste ich ja essen. Um 21:00 Uhr hatte ich mir Nachtruhe verordnet.

•

## 6. Tag: Estella – Los Arcos
(22,4 km)

Schweißdurchnässt wachte ich mitten in der Nacht auf. Zum Glück gab es noch ein zweites Bett in dem Zimmer und ich konnte das Laken und die Decke wechseln. „Schwitzen ist gut, da kommt alles raus", sagte ich mir. Als ich mein Bett frisch bezogen hatte, schlief ich sofort wieder ein und wurde am Morgen erst munter, als es

*Auf dem Weg nach Los Arcos*

bereits hell war. Ich fühlte mich schon viel besser und ich war mir sicher, dass ich heute meinen Camino würde fortsetzen können.

„Erst einmal losgehen und dann sehen, wie weit meine Grippe mich gehen lässt." - lautete mein Motto für diesen Tag.

Also startete ich wieder viel besser gelaunt um kurz nach 8:00 Uhr von der Pension. Am Ortsrand trank ich an einer Tankstelle noch einen Kaffee und merkte bereits dort, dass ich wieder zu schwitzen begann.

„Na, das kann ja heiter werden!"

Siegessicher verließ ich die Tankstelle und machte mich im maßvollen Tempo wieder auf den Weg.

„Wenn ich auch nicht viel schaffte, so war ich doch unterwegs in Richtung Santiago!"

Nach zwei Kilometern tauchte plötzlich mein Freund aus Mexiko, dessen Namen ich mir noch immer nicht gemerkt hatte, vor mir auf. Die Freude war riesengroß. Mit all seinen Problemen an den Füßen war er doch so weit gekommen.

Und wieder stellte ich fest, wie sehr man sich doch täuschen kann.

Er hatte noch drei Weggefährten aus Spanien bei sich und da ihr Tempo auch nicht schneller war als meines zogen wir gemeinsam weiter. Zusehends ging es mir besser und so wurde es noch ein richtig schöner Tag.

Vor Villamayor de Monjardin, am Fuße des Berges Montejurra, kamen wir am Kloster Irache vorbei. Dieses Kloster ist ein sehr interessanter Punkt auf dem Weg nach Santiago. Nicht nur, dass man dort Rast machen und vielleicht innere Einkehr halten kann, nein,

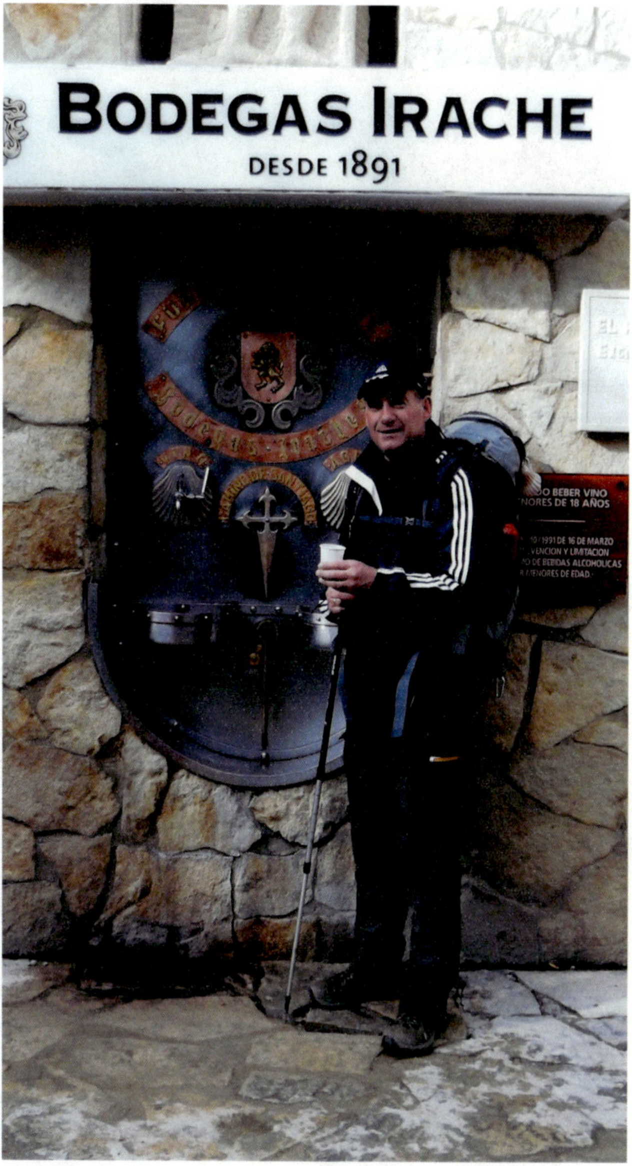
BODEGAS IRACHE
DESDE 1891

*Die Berge des Montejurra*

das Kloster bietet ein ganz besonders Etwas. An der Außenfassade sind für die vorbeikommenden Pilger zwei Wasserhähne angebracht, bei denen aus einem Wasser und aus dem anderen Wein fließt. Vom Wein sollen wohl jeden Tag ca. 70 Liter vom Klosterweingut zur Verfügung gestellt werden. Allerdings gab es bei meiner Ankunft keines der beiden Getränke mehr. Die waren wohl bereits von anderen durstigen Pilgern aufgebraucht worden.

Nach einer Mittagsrast in Villamayor de Monjardin wanderten wir an diesem Tag noch bis Los Arcos. Allerdings war es auch eine sehr angenehm zu laufende Strecke und das Wetter zeigte sich von seiner schönsten Seite.

In Los Arcos entschied ich mich für die österreichische Herberge. Es war dort sehr amüsant und wir hatten viele interessante Gespräche. Die Frau aus Südafri-

*Kirche Iglesia de Santa María*

ka, welche ich bereits am Morgen beim Kloster Irache getroffen hatte, saß beim Essen neben mir.

Insgesamt war es ein sehr schöner Tag und dass ich doch über 22 Kilometer geschafft hatte, stimmte mich hoffnungsvoll für den morgigen Tag. Der Spaß am Camino kam heute ein ganz großes Stück zu mir zurück. Zufrieden mit mir schlief ich ein.

•

### 7. Tag: Los Arcos – Logroño
(29 km)

Ich schlief schlecht und es war mir kalt. Wie ich feststellen musste, war der Temperaturbereich meines Schlafsacks für die kalten Nächte nicht ganz ausreichend.

Am Morgen saßen alle Pilger gemeinsam beim Frühstück. Manche waren schon fertig zum Abmarsch. Ich wollte den Tag ganz in Ruhe beginnen. Am Ausgang stand Karl aus Karlsruhe in der Tür, ein älterer Mann, den ich schon öfters getroffen und der auch letzte Nacht im selben Zimmer geschlafen hatte. Auch ihm fehlte noch die richtige Lust. Ich sagte ihm, dass es mir ebenso ginge und dies doch eine gute Basis sei, zusammen loszugehen.

Gesagt, getan, wir marschierten los. Das Wetter sollte heute auch wieder sehr variabel werden. Wir nahmen ein recht zügiges Tempo auf und ich war innerlich sehr erleichtert, dass ich mich wieder relativ fit fühlte. Unterwegs stießen wir auf Josch aus Holland mit seinen Bruder und auf die Frau aus Südafrika, deren Namen ich mir immer noch nicht gemerkt hatte. Nach und nach trafen wir fast alle wieder, die letzte Nacht die selbe Herberge mit uns geteilt hatten.

In Torres del Rio legten wir einen kurzen Stopp für einen Kaffee ein, um danach zügig weiter Richtung Viana zu wandern.

Die Fernsicht war an diesem Tag richtig gut und die schneebedeckten Berge des Montejurra boten ein tolles Panorama. Kurz vor Viana holten wir Peter und Gertrude aus Österreich ein, mit denen ich bereits in Larasoaña den Abend verbracht hatte. Dass unser letztes Treffen bereits fünf Tage zurücklag, fiel uns sofort auf und die Freude über das Wiedersehen war um so größer.

Wir gingen zusammen noch ein Stück bis Viana. Da wir recht gut in der Zeit lagen, besichtigten wir die Kirche in Viana. Ein riesiger, aufwendig mit Blattgold gestalteter Altar machte den kurzen Abstecher zum Erlebnis.

Noch in Viana meinte ich zu Karl, dass es Zeit für einen Kaffee sei. Also rein in die nächstgelegene Bar! Hier ging es ein paar Stufen nach unten und plötzlich sah ich in einer Ecke meinen alten Bekannten, den Hans aus Schweden, sitzen. Seine Freude war mindestens genauso groß wie meine. Karl hatte ihn wohl auch schon ein paar Mal getroffen und sprach ihn natürlich auch gleich an. Dabei bemerkte ich plötzlich, dass Hans auch ganz gut deutsch sprach. Bisher unterhielten wir uns nur auf Englisch, aber ich glaube, sein Deutsch war am Ende besser als mein Englisch. Dieser Filou! War sicher ein riesen Spaß für ihn.

Ich hatte seinen weiteren Plan schon mal von ihm gehört, doch heute erzählte er uns noch mal genau, wie er seine Reise weiter geplant hatte.

Er wollte die nächsten 120 Kilometer mit dem Bus nach Burgos fahren, dort die Kathedrale besichtigen, anschließend mit dem Bus weiter nach Leon fahren und von dort wieder zu Fuß gehen. Somit war mir klar, dass wir uns heute das letzte Mal treffen sollten. Obwohl mich das einerseits traurig stimmte, wusste ich aber auch, dass so was zum Camino gehört. Kennenlernen und sich wieder aus den Augen verlieren. Wir verabschiedeten uns ein letztes Mal, wünschten uns gegenseitig noch ein herzliches „Buen Camino" und brachen kurz darauf auch schon in Richtung Logroño auf.

Diesen Morgen hatte ich es mir noch nicht richtig vorstellen können oder wollen, dass ich heute 30 Kilometer schaffen würde. Es folgte so ein schöner Weg, dass ich es gar nicht bemerkte, wie die Kilometer sich nur so aneinanderreihten.

Fünf Kilometer vor Logroño saß Lisa aus Linz am Wegesrand. Sie wollte nicht mehr weitergehen, da sie

*Puente de Piedra (Steinerne Brücke) in Logroño*

ziemlich erschöpft war und starke Schmerzen in den Beinen hatte. Sie schimpfte auf Gott und die Welt und ärgerte sich über ihren eigenen Plan, den Jakobsweg zu laufen. Wir sprachen ihr Mut zu und nahmen sie ins Schlepptau. Im „kleinem Gang" tippelten wir weiter.

„Komm Lisa, wir gehen schön langsam und bleiben bei dir. Bis zur Stadt ist es nicht mehr weit. Das schaffst du noch", redeten wir ihr immer wieder ein.

In Logroño, meinem Ziel für heute, überquert man den Ebro, ehe man in die Stadt gelangt. Dort suchten Karl und ich uns eine Pension. Nach dem Einchecken stand „Shoppen" auf meinem Plan.

Mein Marschgepäck beinhaltete unter anderem nur einen Pullover. Da es aber immer noch recht kühl war, brauchte ich dringend einen zweiten Pullover zum Wechseln. Platz hatte ich noch reichlich im Rucksack und das Gewicht wurde dadurch nicht wesentlich mehr.

Zielgerichtet machte ich mich auf die Suche nach einem passendem Teil und wurde in einem Geschäft unweit der Kirche fündig. Er sollte warm halten, aber auch nicht zu schwer sein. Gut aussehen sollte er auch. Ich entschied mich für einen beigen Pullover mit schwarzen Streifen. Der Preis von 12,- € war meiner Meinung nach ganz in Ordnung und stolz trug ich ihn aus dem Laden.

In diesem Moment konnte ich noch nicht ahnen, dass ich diesen Pullover, erst mal zu Hause wieder angekommen, maximal noch bei der Gartenarbeit anziehen durfte. Da war mein Geschmack mit dem meiner Frau gründlich auseinander gegangen.

Für meinen künftigen Weg leistete mir mein neu erstandenes Kleidungsstück jedenfalls erstmal gute Dienste. Über Geschmack lässt sich eben trefflich streiten.

Auf der Suche nach einem guten Abendessen fanden wir unsere Lisa wieder. Wohlvergnügt und offensichtlich bestens erholt saß sie, umringt von ein paar Spaniern, in einer Tapasbar. Unsere Fürsorge hatte wahrlich Wunder vollbracht.

„Wenn der morgige Tag auch wieder so gut verläuft und ich meine Grippe nun vollends hinter mich gebracht hätte",

überlegte ich beim gemeinsamen Tapasessen, „könnten es morgen bestimmt wieder 30 Kilometer Tagespensum werden." Der heutige Tag gab mir jede Menge Hoffnung, fühlte ich mich doch selbst jetzt noch richtig fit.

Morgen beginnt ein neuer Tag und der wartet mit neuen Erlebnissen, neuen und alten Freunden.

•

## 8. Tag: Logroño – Nájera
(29,9 km)

Nach einer erholsamen Nacht startete ich um 8:30 Uhr. Karl hatte zwar dieselbe Pension wie ich, aber wir hatten uns nicht verabredet am Morgen zusammen loszugehen. Die meisten Pilger, die ich unterwegs traf, waren allein unterwegs. Natürlich wandert man nicht den ganzen Tag allein, da man immer wieder auf andere Pilger trifft, aber das „Ziel ist der Weg" und man möchte auf dem Camino viel Zeit mit sich selbst verbringen. Gegen gelegentliche Abwechselung ist nichts einzuwenden, trotzdem muss genügend Zeit für sich selbst bleiben.
Karl formulierte seine Gedanken dazu wie folgt:
*„Du triffst auf dem Camino die nettesten, offensten Menschen dieser Welt. Machst du den Weg, dann geht es dir danach viel besser. Du erfährst auf dem Weg, was wirklich wesentlich im Leben ist. Dein Kopf wird leer, füllt sich danach mit neuem Leben, gibt dir Kraft."*
Man kann diesen Weg nie wirklich beschreiben, aber ich glaube, so wie es Karl ausdrückte, trifft es die Sache ziemlich gut.

Es war ein langer Weg durch die Stadt, allein bis zum Stadtrand drei Kilometer. Logroño ist eine Stadt mit über 120.000 Einwohnern und die Hauptstadt der spanischen Region Rioja, dem wichtigsten Weinbaugebiet Spaniens.
Dass ich in der Region La Rioja war, hatte ich bereits gestern gemerkt, da am Wegesrand überall große Felder mit Weinreben zu sehen waren.

Hans aus Schweden war ein bekennender Liebhaber des Rioja-Weins.

Nach vier Kilometern sah ich am Stadtrand von Logroño meinen Weggefährten Karl, in einem Gespräch mit einem Radpilger vertieft, wieder. Also sollte es wohl so sein und wir setzten unseren Weg gemeinsam fort.

*aus Feldsteinen gemauerter Unterstand mit Brunnen*

Vorbei am Stausee Pantano de la Grajera peilten wir unser erstes Tagesziel, den Ort Navarette, an. Gerade als wir zu unserem ersten Kaffee des Tages in die dortige Café-Bar einkehren wollten, stießen wir auf Helmut aus Bayern. Auch ihm war ich bereits öfters begegnet und gemeinsam mit ihm, Peter und Gertrude aus Österreich hatten wir in Larasoaña zu Abend gegessen. Er fragte mich gleich nach meiner Grippe und freute sich sehr zu hören, dass es mir wieder gut ging. Und schon verabschiedeten wir uns wieder voneinander.

Ich nahm mit Karl und Martin, den wir am Stausee getroffen hatten, einen Kaffee. Martin kam aus Österreich und ging den *„Camino de luxe"*, wie wir sagten. Bei ihm wurde das Gepäck von Hotel zu Hotel geschickt und er lief mit leichtem Rucksack hinterher. Zu einem Preis von ca. 3.500,-€ hatte Martin seinen Camino von seinen Freunden geschenkt bekommen. Es gibt eben viele Möglichkeiten. Meine Vorstellung vom Camino wäre das nicht gewesen, weil man so viel zu sehr an die vorgegebenen Tagesetappen gebunden ist, keine Übernachtung in einer Herberge hat und somit auch nicht so oft mit anderen Pilgern ins Gespräch kommt.

Nach dem Kaffee ging Martin allein voraus. Karl und ich setzten unseren Weg kurze Zeit später wieder gemeinsam fort.

Das Wetter besserte sich und wir schritten bei blauem Himmel und einem Wahnsinnspanorama zur Rechten und zur Linken weiter in Richtung Ventosa. Die Berge zu beiden Seiten unseres Weges lagen schneebedeckt und die grandiose Fernsicht entschädigte uns für das „durchwachsende" Wetter der letzten Tage. Die Landschaft war einfach traumhaft und wir merkten gar nicht, wie schnell die Zeit verging und wir kurz nach 15:00 Uhr in Nàjera ankamen.

*Über den Fluss Najerilla in die Stadt Nàjera*

Hier hieß es: erstmal in ein Restaurant, eine Kleinigkeit essen und uns von der Sonne „bescheinen" lassen. Es war so ein angenehmes Gefühl, wie die Sonne den Körper durchströmte, dass wir fast die Zeit vergaßen. Aufgewärmt und gesättigt starteten wir zur Herbergssuche. Von zwei jungen deutschen Pilgern hatten wir unterwegs erfahren, dass die Herberge „Alberone" sehr gut sein sollte.

Dem konnten wir später nur zustimmen.

Ein sehr gepflegtes Haus, in dem Karl und ich jeweils ein Doppelzimmer für uns allein bekamen, da es nicht so viele Pilger an diesem Tag in der Herberge gab und Karl gern mal allein schlafen wollte. Für nur 20,- € pro Nacht gönnten wir uns den „Luxus" einfach. Ich steckte erstmal meine ganze Wäsche in die Waschmaschine. Handwäsche ist eben kein gleichwertiger Ersatz. Diese Gelegenheiten musste man nutzen, wenn sie sich boten.

So, jetzt war Zeit für eine Dusche und danach eine gemütliche Siesta. Ruhe nach den langen Touren war sehr wichtig.

Heute Abend wollten wir versuchen, das Championsleague-Halbfinale Bayern München gegen Real Madrid anzuschauen. So fußballverrückt wie die Spanier sind, läuft das Spiel heute Abend mit Sicherheit in jeder Bar und jedem Restaurant. Um 19:00 Uhr suchten wir uns ein gemütliches Restaurant und sahen uns später dort das Spiel an. Dass am Ende auch noch die Bayern gewannen, war das besondere Highlight des Tages. In Spanien den Sieg einer deutschen über eine spanische Mannschaft zu erleben, konnte man schon als besonders schön bezeichnen.

●

## 9. Tag: Nájera – Redicilla del Camino
(32,5 km)

Bereits um 7:30 Uhr, fertig zum Start, lief ich allein von Nájera los. Als ich nach zwei Kurven im Ort zum ersten Anstieg ansetzte, sah ich bereits zwölf Pilger vor mir auf der Strecke. Am Morgen war noch sehr kalt und auch wieder sehr windig. Es sollte aber heute noch schlimmer kommen. Nach ca. zwei Kilometern holte ich Helmut ein. Er wollte heute zusammen mit Anna Lee aus Los Angeles / USA, eine ganz nette in Korea geborene Amerikanerin, gehen, da sie morgen ihren Camino beenden und wieder nach Hause fahren würde. Ich hatte heute eine größere Etappe geplant, also zog ich nach einem kurzen Gespräch und den besten Wünschen für ihre Heimkehr an ihnen vorbei.

Azofra erreichte ich nach gut sechs Kilometern. In der Cafè-Bar gab es erstmal ein cafè con leche und ein erstes Treffen mit vielen Bekannten. Gerade als ich aufbrechen wollte, stand plötzlich Karl in der Tür. Ein kurzes „Guten Morgen" und „bis später" und schon ging es weiter.

*Kurz vor Santo Domingo de la Calzada*

An diesem Tag waren die Wege zwar leicht zu gehen, aber insgesamt nicht so schön, da die Feldwege sehr nass und schmutzig waren oder es oft über Landstraßen ging.

Nach weiteren neun Kilometern kam ich nach Cirueña. Jetzt waren es nur noch 7,5 Kilometer bis Santo Domingo de la Calzada. Dort wollte ich einen kurzen Stopp machen, um mir die Kathedrale anzusehen. In der Kathedrale werden ständig ein weißer Hahn und ein weißes Huhn gehalten, die wöchentlich ausgewechselt werden.

Die Legende aus dem 14. Jahrhundert besagt, dass ein Ehepaar, welches auf dem Pilgerweg nach Santiago war, mit ihrem Sohn in einem Wirtshaus in Santo Domingo abgestiegen ist. Die Tochter des Wirtes verliebte sich in den Sohn, der aber diese Liebe nicht erwiderte. Gekränkt versteckte sie einen silbernen Becher in dessen Gepäck und zeigt ihn am nächsten Tag des Diebstahls an. Der Junge wurde zum Tode durch Erhängen verurteilt. Als die Eltern tags danach noch mal zu ihrem Sohn gingen, sahen sie, dass er noch am Leben war, denn Santo Domingo stütze ihn an seinen Beinen. Sofort gingen die Eltern zu dem Richter und

*Spätgotischen Hühnerkäfig in der Kathedrale*

*Über den Rio Oja*

berichteten von dem Wunder und meinten, dass somit die Unschuld des Jungen bewiesen war. Der Richter saß beim Mittagstisch und sagte den Eltern, dass der Junge genauso lebendig wäre wie die beiden Hühnchen auf seinem Teller. Daraufhin flogen beide Hühnchen vom Teller des Richters. Den Jungen band man los und anstelle dessen wurde die Wirtshaustochter gehängt. Eine interessante Legende, die es auch in mehreren Versionen gibt. Weiterhin heißt es, dass es Glück bringt, wenn beim Besuch der Kathedrale der Hahn kräht. Bei meinem Besuch krähte er leider nicht.

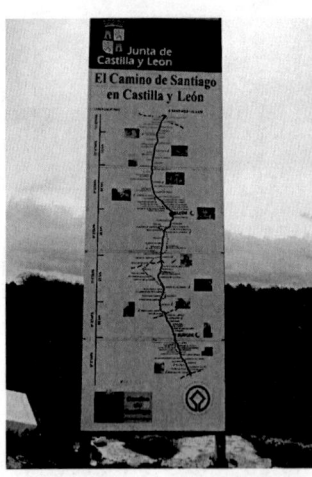

*Informationstafel an der Grenze zu Kastilien*

Vielleicht wurde deshalb auch der Sturm immer

stärker und der Weg nach Grañòn und weiter bis nach Redicilla del Camino ein einziger Kampf gegen die Naturgewalten.

Die Region Rioja verlässt man zwei Kilometer vor Redicilla del Camino und betritt Kastilien. Eine große Tafel am Wegesrand weist darauf hin und zeigt die gesamte Route durch Kastilien. Die letzten Kilometer gingen zwar leicht bergab, aber durch den Sturm wurde es doch noch ein hartes Stück Arbeit.

Die Albergue Municipal (kommunale Herberge) in Redicilla basiert auf Spendenbasis. Mit nur 5,- € ist es sehr günstig, hat aber entsprechend weniger Komfort. Insgesamt war es aber ganz in Ordnung.

Grundsätzlich findet man in fast jedem Ort kommunale oder private Herbergen. Während die kommunalen Herbergen meist günstiger im Preis, sind die privaten oftmals besser in der Ausstattung. Auch findet man in den privaten Herbergen hin und wieder die Möglichkeit Einzel- oder Doppelzimmer (habitacion individual / doble) zu bekommen, wo man sonst üblicherweise in größeren Schlafsälen übernachtet. Den Pilgerstempel bekommt man aber fast überall, selbst in Restaurants, Bars, Café´s oder Touristinformationen.

Heute gab es das „Menú de Peregrino" (Pilgermenü) gleich zwei Häuser weiter für nur 10,- €. Die Bestellung wurde von der Herberge aus geregelt. Insgesamt erlebte ich heute einen Tag, an dem ich gut vorangekommen war, der aber sonst keine weiteren Highlights bot.

Noch 570 Kilometer bis Santiago.

●

## 10. Tag: Redicilla del Camino – San Juan de Ortega
(36 km)

Dank Ohropax verlief die Nacht einfach gut. Ich hatte seit langem, trotz der 10-er Belegung im Zimmer, mal wieder richtig gut geschlafen. Als ich um 6:30 Uhr aufstand fühlte ich mich fit wie ein „Turnschuh". Ab 7:00 Uhr sollte es in der Herberge zwar Frühstück geben, doch ich wollte bis zu meinem Frühstück schon ein paar Kilometer zurückgelegt haben. Den Wunsch, dass der Wind heute mal schwächer wehen würde, habe ich gleich an der Haustüre begraben. Es stürmte genauso weiter wie tags zuvor. Die ersten zehn Kilometer kämpfte ich wieder gegen die Naturgewalten. Zudem war es ein sehr kalter Wind, der mir ins Gesicht blies.
Die Strecke führte entlang der Hauptverkehrsstraße und so wurde der Sturm nur noch vom Dröhnen der LKW´s übertroffen.

Mir schien so, als sei ich heute ganz allein auf der Strecke unterwegs. Ich sah nicht einen Pilger. Zu meiner Freude traf ich kurz vor Belorado doch noch einen Gleichgesinnten, den deutschen Pilger Jochen und wir rasteten zusammen in Belorado. Der Kaffee wärmte uns auf. Der Kuchen war sehr lecker und brachte mir notwendige Energie. Nach einer halben Stunde war ich wieder allein unterwegs,

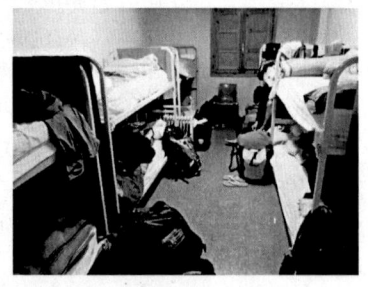

*10-Bett Zimmer in Redicilla*

da Jochen mit dem Bus bis nach Burgos fuhr.

Mittlerweile stürmte es nicht mehr ganz so stark und ich kam ganz gut voran. In Villafranca Montes de Oca musste ich, nach gut 24 Kilometern, meine zweite Pause einlegen, um noch mal Kräfte für die Überquerung des Oca Gebirges zu sammeln.

Die nächsten 12,5 Kilometer stiegen noch mal bis auf eine Höhe von 1.160 m. Diese Etappe wollte ich heute noch schaffen. Nach einem kurzen Aufstieg verlief der restliche Weg fast nur eben weiter. Es wanderte sich so gut, dass ich die lange Strecke gar nicht so richtig merkte. Der Wind hatte seine Arbeit eingestellt und die Sonne begleitete mich den ganzen Weg. Das Gewicht meines Rucksacks spürte ich mittlerweile kaum noch.

Etwas erschöpft, doch im Großen und Ganzen zufrieden mit mir, betrat ich gegen 16:00 Uhr die Herberge in San Juan de Ortega. Sie fiel wieder einmal sehr rustikal aus und hatte 22 Betten pro Schlafsaal. Ohropax war somit diese Nacht wieder Pflicht.

Als ich ankam war es sehr kalt in der Herberge. Selbst zum Duschen gab es nur lauwarmes Wasser. Am Abend hatte der Herbergsvater ein Herz mit den vielen geschafften Pilgern und schaltete für ca. eine Stunde doch noch die Heizung an. Danach wurde es erträglich. Die Herberge selbst ist bekannt dafür, dass die Pilger nach der Messe vom Priester zu einer traditionellen Knoblauchsuppe eingeladen werden. Nachdem der Pilgerpriester und Herbergsvater Don José María im Jahre 2008 verstarb, findet das traditionelle Essen nur noch 4-mal pro Woche statt und heute sollte es wohl nicht so sein.

*Denkmal für die erschossenen Republikaner
des Spanischen Bürgerkriegs*

Kurz nach meiner Ankunft spazierte Toni aus Lengries in unseren Schlafsaal. Zu meiner Freude traf ich in der Herberge auch Jeremy mit seiner Frau Halina wieder, die ich in schöner Regelmäßigkeit seit Saint-Jean-Pied-de-Port immer wieder getroffen hatte. Die beiden stammen aus Polen, leben aber schon über 30 Jahre in Australien.

Beim Abendessen in der Bar neben der Herberge führte ich mit Tony, Jeremy und seiner Frau und einer Familie aus Neuseeland noch sehr interessante Gespräche. Der Camino ist so international und es ist so toll wie man

*San Juan de Ortega*

sich hier begegnet und versteht. Somit war es noch ein richtig schöner Tag geworden und ich war meinem Ziel heute wieder ein ganzes Stück näher gekommen. Morgen wollte ich nach Burgos aufbrechen.

•

## 11. Tag: San Juan de Ortega – Burgos
(27 km)

Zu der Tagesetappe von San Juan de Ortega bis nach Burgos gibt es nicht viel zu sagen. Das einzig Positive; es regnete nicht! Um 7:30 Uhr brach ich auf und die Temperaturen lagen mal wieder im unteren Bereich. Dass ich meine Handschuhe dabei hatte, hielt ich für eine sehr gute Vorsehung. Auf meine Packliste gelangten sie erst im letzten Moment. Jetzt war ich sehr froh darüber, sie dennoch mitgenommen zu haben.

Die Strecke selber zeigte sich als sehr öde, verlief sie doch die ersten Kilometer nur auf Landstraßen eben hin. Nach Atapuerca ging es eine steile und steinige Piste bis auf 1.080 m Höhe hinauf. Als ich die Anhöhe erreichte, konnte ich bereits Burgos vor mir sehen.

„Oh", dachte ich: „Das ist ja gar nicht mehr so weit." Doch weit gefehlt. Es sollten noch 20 harte Kilometer werden.

In Cardeñuela de Ríopico gab es am Wegesrand noch eine lustige Wandmalerei zu sehen. Hier blieb ich kurz stehen und musste über den dargestellten, erschöpften Pilger schmunzeln. Das war dann aber auch schon das Aufregendste auf dem heutigen Weg.

Danach führte der Weg im weiten Bogen um den Flugplatz von Burgos herum, hinein in die Vorstadt. Nun hieß es nur noch Pflastertreten. Es nahm einfach kein Ende und meine Füße brannten immer mehr. Endlich erreichte ich die Stadt, doch bis zur städtischen Herberge sollten es immer noch zwei Kilometer sein.

*Wandmalerei in Cardeñuela de Ríopico*

Sie liegt direkt am Jakobsweg und nur 170 m vor der Kathedrale. In der Herberge traf ich Toni aus Lengries wieder, der ebenfalls früh in San Juan de Ortega gestartet war.

Unsere Wäsche steckten wir zusammen in eine Waschmaschine, was auch dringend notwendig war. Bei einem gemütlichen Bier warteten wir auf das Ende des Waschprogramms und bei einem weiteren auf das Ende des Trockenprogramms.

Dabei lernten wir Pauline und ihre Tochter Sabrina aus

*Die kirchlicheHerberge in Burgos*

Österreich kennen. Am späten Nachmittag schlenderten wir alle gemeinsam durch die Stadt und aßen zusammen zu Abend. Die Kathedrale besichtigte ich nicht mehr. Selbst als Pilger muss man dort Eintritt bezahlen. Irgendwie war ich dazu an diesem Tage nicht bereit. Vielleicht war ich auch einfach zu kaputt, nach 27 Kilometern Tagesetappe, die Zeit für eine Besichtigung aufzubringen.

*Kathedrale von Burgos*

Wie ich später jedoch erfuhr, habe ich da wohl wirklich etwas verpasst. Der Chor-Umgang und die zahlreichen Kapellen mit ihren wunderschönen Grabmälern in den Seitenschiffen und dem Kreuzgang waren sehenswert. Die Kathedrale wurde im 13. bis 15. Jahrhundert von vielen bedeutenden Baumeistern und Bildhauern geschaffen. Im Nachhinein ärgerte ich mich über mich selbst, mir nicht die Zeit für einen Besuch genommen zu haben.

Ich hoffte, dass morgen wieder bessere und schönere Wege vor mir liegen würden.

•

## 12. Tag: Burgos – Hontanas
(32 km)

„Meseta, ich komme!", mit diesem Gedanken betrat ich um 7:30 wieder den „Camino". Ich hatte noch ein ganzes Stück aus der Stadt zu laufen, doch es war bald geschafft und es ging recht eben die nächsten 11 Kilometer bis nach Tardajos. Hier wollte ich meine erste Kaffeepause einlegen.

Zu meiner großen Freude traf ich in der Bar Jeremy und Halina wieder.

Nach dem Stopp ging es weiter und ich erreichte die Meseta, die ich nun die nächsten Tage durchlaufen würde. Die Meseta ist eine relativ baumlose Hochebene, die ohne größere Höhendifferenzen auf ca. 800 m Höhe verläuft. Der Weg gestaltete sich recht langweilig. Der einzige Vorteil: er war leicht und schnell zu gehen. Und so erreichte ich bereits nach 20 Kilometern Hornillos del Camino.

Mein rechter Fuß machte mir etwas zu schaffen. Ich hatte heute oberhalb des Knöchels einen stechenden Schmerz, den ich nicht genau deuten konnte. Also legte ich eine längere Pause dort ein und massierte meine Gelenke.

*Ohne Schuhe weiter oder aufgegeben?*

Es sollten noch 11 Kilometer bis zu meinem Tagesziel Hontanas folgen!

Zum Glück waren die Schmerzen so gut wie verschwunden, als ich wieder aufbrach und ich marschierte zügig voran.

Nach weiteren fünf Kilometern kam was kommen musste, es regnete wieder! Wie hatte ich das vermisst! Innerhalb kürzester Zeit war ich total durchnässt. Der Wind blies sehr heftig und mein Regencape wurde nur so umher geweht. Es war einfach scheußlich. Genauso schnell trocknete es aber auch alles wieder, weil kurze Zeit später die Sonne wieder schien. So spazierte ich doch wieder ganz getrocknet um ca. 15:00 Uhr in Hontanas ein. Das malerisches Bergdorf, eingebettet in einem Tal lag verträumt in der Sonne.

Mein Ziel war die, im letzten Jahr eröffnete, Herberge „Santa Brigida". Laut Reiseführer gab es hier nur 13 Betten in drei Zimmern, einen schönen Garten mit Brunnen und, was in den Herbergen eher selten ist, Frühstück. Leider erfuhr ich gleich nach meiner Ankunft, dass die

*Das Dörfchen Hontanas*

Betten bereits alle belegt bzw. reserviert waren.

Es blieb mir nichts anderes übrig, als die Gemeindeherberge gegenüber aufzusuchen.

Nach der gestrigen Nacht im 50-Mann Schlafsaal freute ich mich, als ich sah, dass die Zimmer hier nur 10 Betten aufwiesen. Noch dazu hatte ich, da ich sehr früh eingetroffen war, freie Auswahl.

„Auch mal schön", dachte ich. Natürlich nutzte ich die Gelegenheit und suchte mir ein Bett aus.

Nachdem ich den Abend mit Josef und Josef aus dem Neckartal bei einem guten Pilgermenü und Rotwein verbrach hatte, wollte ich nach der langen Etappe zeitig ins Bett. Gegen 21:00 Uhr machte ich mich auf den Weg zur Herberge.

„Sorpresa", es lag schon jemand in „meinem" Bett. Meine Sachen und mein Schlafsack waren mitten im Raum abgelegt. So etwas hatte ich bisher noch nie erlebt. Grundsätzlich gilt in den Herbergen, wenn auf einem Bett ein Schlafsack liegt, ist das Bett belegt! Der Typ war meiner Meinung nach geistig behindert, zumindest etwas. Vor (meinem) seinem Bett lagen mehre Päckchen Tabletten. Vielleicht hatte er einfach nur vergessen seine Dosis rechtzeitig einzunehmen. Da ich keinen Streit wollte, nahm ich das nunmehr letzte freie Bett und rollte dort meinen Schlafsack erneut aus. Zum Schlafen reichte auch dieses. Die Herberge selber hatte nicht viel zu bieten, halt nur eine Schlafmöglichkeit. Selbst das Duschen verschob ich lieber auf den nächsten Tag.

●

*spanisch „Sorpresa" - Überraschung*

## 13. Tag: Hontanas – Frómista
(36 km)

Am Morgen trat ich nach dem üblichen, allmorgendlichen Prozedere, um 7:15 Uhr auf die Straße. Ich konnte es kaum fassen, es wehte kein Wind, kein bisschen! Na das konnte ja nur ein schöner Tag werden.

Nach fünf Kilometern kam ich an der Klosterruine „San Antón" vorbei. Hier wurden früher Pilger geheilt, die an Lepra litten. Die Straße führt heute

*Kloster San Antón*

direkt durch das einstige Nordportal.

Nach weiteren fünf Kilometern legte ich in Castrojeriz einen Stopp zum Frühstück ein. Hier gab es doch tatsächlich Spiegeleier und Schinken. Das war ja richtig super. Dazu noch einen großen café con leche und einen frisch gepressten Orangensaft, was wollte man mehr? Den spanischen Namen für Spiegelei mit Schinken prägte ich mir natürlich sofort ein. „huevos con hamon" würde ich jetzt öfters zum Frühstück essen.

Frisch gestärkt konnte ich den nun folgenden Aufstieg zum Tafelberg ohne Probleme angehen. Von der Anhöhe hatte man einen tollen Blick über die Meseta ringsum. Bis nach Itero de la Vega ging es jetzt immer geradeaus durch das Hochland.

In Itero war Zeit für den zweiten Stopp. Kaum hatte ich es mir draußen gemütlich gemacht, kamen auch schon

*Tafelberg bei Castrojeriz und Blick zurück*

Josef und Josef des Weges. Auf dem Camino trifft man sich eben immer wieder. Bei super Sonnenschein nahm ich dann die letzten 15 Kilometer in Angriff. Bis Frómista wollte ich heute noch kommen. Die letzten Kilometer sind bekanntlich immer etwas anstrengend, aber bei dem schönen Wetter gut zu bewältigen. In Frómista suchte ich mir eine private Herberge und duschte lange. Auch das Handwaschprogramm sollte zu meiner Freude nicht fehlen. Fertig mit der Arbeit konnte nun das Vergnügen folgen: Zeit für eine Ruhepause und ein verspätetes „Mittagsschläfchen".

Zuvor rief ich noch zu Hause an. Es war schließlich Sonntag und da sollte es auch mehr als nur eine SMS am Abend sein. Auch ohne mich lief zu Hause alles seinen gewohnten Gang. Nach meinem Pilgermenü ging ich

*Die endlose Weite der Meseta*

bereits um 20:30 Uhr ins Bett. Ich war einfach k.o. nach der langen Strecke, aber auch glücklich, es geschafft zu haben.

•

## 14. Tag: Frómista – Carrión de los Condes
(20 km)

Der Tag begann zunächst einmal mit Verschlafen. Ich wachte erst um 8:15 Uhr auf. Der gestrige Tag hatte doch ganz schön Kraft gekostet. Nach nur kurzer Vorbereitung spazierte ich 15 Minuten später aus der Herberge und siehe da, es war wieder windig. Na, das kannte ich ja nun schon! Nach nur einem Kilometer musste ich wieder meine Jacke und meine Handschuhe anziehen, denn es war ein sehr kühler Wind. Irgendwie hatte ich heute auch oberhalb der Knöchel Schmerzen und das Laufen fiel mir schwerer. Heute würde meine Etappe kürzer ausfallen, das hatte ich bereits für mich festgelegt. In Villalcázar de Sirga legte ich meine Frühstückspause ein. Da ich nun perfekt „huevos con hamon" bestellen konnte, gab es heute natürlich wieder diesen leckeren Schinken mit Spiegelei.

Noch knapp sechs Kilometer , dann hatte ich mein Tagesziel erreicht.

In Carrión de los Condes entschied ich mich, in der Pfarrherberge „Santa Maria" zu bleiben. Dort wurde ich von den Schwestern mit einem warmen Tee empfangen. Der Tee war so belebend und ich nahm dankbar noch zwei weitere Gläser. Hier gab es eine Waschmaschine. Ich vertraute erst einmal die Hälfte meiner Wäsche der Maschine an. Um das Gerät in Gang zu setzten, benötigte ich jedoch die Hilfe einer Schwester. Ein eigens auf der Waschmaschine abgelegter Schraubenzieher diente zum Öffnen des Bullauges. Da hätte ich mich lange abmühen können. Auf diesen notwendigen Trick wäre ich nie gekommen.

*Pfarrherberge „Santa Maria"*

Nach gerade mal 40 Minuten konnte ich alles zum Trocknen aufhängen. Jetzt war Ausruhen angesagt. Ich schlief bestimmt über eine Stunde fest.

Auf der Suche nach einem Restaurant traf ich, welch eine Freude, Josef und Josef wieder. Natürlich aßen wir zusammen zu Abend und erzählten uns gegenseitig vom Tag.

Da ich noch in die Kirche zur Pilgermesse wollte, ging ich kurz vor 20:00 Uhr zurück zur Herberge. Dort herrschte schon rege Aufbruchsstimmung. Einige Pilger und auch die Schwestern der Herberge eilten durch die Räume, um noch rechtzeitig zur Messe zu kommen. Die Messe selber wurde natürlich in spanisch gehalten, aber am Ende bat der Priester alle anwesenden Pilger nach vorn und erteilte uns auf englisch den Pilgersegen. Die Schwestern basteln jedes Jahr in den Wintermonaten kleine Sterne, welche sie nach der Messe an die Pilger als Andenken verteilen.

Gegen Ende des Gottesdienstes sangen zwei Schwestern. Mich hat das gefühlsmäßig sehr berührt. Ich dachte an meinen Weg und an die Lieben zu Hause. Plötzlich liefen mir die Tränen übers Gesicht, ich konnte es nicht verhindern. Das war bis dahin der bewegendste Moment, den ich bisher auf meinem Weg erlebt hatte. Ich ließ meinen Tränen freien Lauf. Neben mir stand Jeremy, der polnische Australier, mit seiner Frau, nahm mich in den Arm und drückte mich einfach fest an sich, ohne ein Wort zu sagen. Vielleicht ging es ihm in diesem Moment ähnlich.

Ich war ihm sehr dankbar für diese Geste.

•

## 15. Tag: Carrión de los Condes – Terradillos
(28,1 km)

Der Tag begann schon sehr früh mit leiser Musik. So wurden hier die Pilger von den Schwestern geweckt. Ich startete bereits kurz nach 7:00 Uhr auf die lange Etappe durch die Meseta pur. Keine einzige Station die

*18 km ohne Möglichkeit zur Rast in einer Bar, nur Natur!*

nächsten 18 Kilometer, nur Schotterpiste bis zum Horizont. Unterwegs sah es manchmal so aus, als wären die Pilger wie auf einer Perlenkette aufgereiht. Der Wind wehte sehr frisch und ich war mehr als froh, dass ich meine Handschuhe dabei hatte. Zum Wandern war

*Kurz vor Teradillos*

es allerdings äußerst angenehm und ich schaffte die ersten 18 Kilometer in gerade mal 3,5 Stunden.

In Calzadilla de la Cueza schmeckte das Frühstück nach dieser langen Etappe um so besser. Die anschließenden zehn Kilometer waren ein Kinderspiel und ich kam bereits um 13:30 Uhr in Terradillos an.

Dort gab es eine gute private Herberge und ich beschloss da zu bleiben. Zuerst eine schöne Dusche und danach ein kühles Bier. Meine Füße nahmen den Halt in Terradillos dankbar an. Heute hatte ich bereits die Hälfte des Weges bis Santiago überschritten und das war ein richtig gutes Gefühl. Jetzt waren es „nur" noch 390 Kilometer bis zum großen Ziel.

•

## 16. Tag: Terradillos – Reliegos
(46 km)

Meine Nachtruhe beendete ich heute noch früher als gestern. Ich wollte ein paar Kilometer mehr schaffen, um dann morgen Leòn zu erreichen. Der erste Pilger aus unserem Zimmer war bereits um 5:00 Uhr leise davongeschlichen. Das war mir persönlich etwas zu früh und es gab auch keinen Grund so zeitig aufzubrechen. Ich zog um 7:00 Uhr los. Vor der Tür wurde ich auch gleich wieder von einem recht kühlen und stark wehenden Wind begrüßt.

„Na ja", dachte ich, „also wie immer."

Gleich erst mal wieder die Handschuhe anziehen und es kann losgehen. Heute kam es nur darauf an Kilome-

*Rechts: Herberge „Monasterio de Santa Cruz Benedictinas" im Klostergebäude mit vergitterten Fenstern*

ter zu schaffen. Die Strecke selbst verlief die ganze Zeit neben der Landstraße und war daher nicht gerade besonders reizvoll.

In Sahagún legte ich die erste Rast für ein Frühstück ein. Hier traf ich auch gleich Jeremy und seine Frau Halina wieder. Die beiden wollten heute auch eine größere Strecke schaffen. Nach einem reichhaltigen Frühstück nahm ich die zweite Etappe für heute in Angriff. Wieder ging es nur über Schotterpisten bis nach El Burgo Ranero. Der Wind war unerbittlich und machte das Laufen sehr schwer. Doch es sollte noch schlimmer kommen. In El Burgo Ranero forderte mein Körper eine zweite Pause, zuzüglich eines Kaffee's und wieder war es Jeremy, den ich traf. Wir hatten alle denselben Plan, bis nach Reliegos zu laufen.

Im Wanderführer gab es den Hinweis, dass die nächsten 13 km nur geradeaus neben der Landstraße verlaufen. Der Wind lief zur Höchstform auf und manchmal musste man sich beim Laufen weit nach vorn beugen, um überhaupt vorwärts zu kommen.

„Ok", dachte ich: „das bin ich ja mittlerweile auf meinem Camino gewohnt."

Ab El Burgo mischte sich dann auch noch Regen in das Wetter ein und meine Hose war innerhalb von Minuten klatschnass, kalt und klebte an meinen Beinen. Nicht gerade angenehm, aber jetzt gab es kein Zurück mehr.

Total k.o. kämpfte ich mich förmlich Stück für Stück weiter und kam gegen 18:00 Uhr in Reliegos an. Meine Beine gehörten irgendwie gar nicht mehr zu mir. Das war eine wirklich kräftezehrende Strecke heute, aber ich war auch ziemlich stolz auf mich. 46 Kilometer an einem Tag, das war einfach super. Vielleicht brauche ich ja auch mal etwas Reserve in meinem Zeitplan und mit der Strecke heute hatte ich mir diese auch erlaufen.

Kurz nach mir kamen Jeremy und Halina auch in der Herberge an und bekamen im selben Schlafraum wie ich ihr Bett zugeteilt. So saßen wir dann am Abend gemütlich zusammen und sahen uns das Halbfinal-Rückspiel der Championsleague zwischen Bayern München und Real Madrid an. Leider ging es über die normale Spielzeit hinaus und es gab Verlängerung. Ich war aber ziemlich müde und wollte nur noch ins Bett und so erfuhr ich erst am Morgen, dass die Bayern im Elfmeterschießen gewonnen hatten.

•

## 17. Tag: Reliegos – León
(26 km)

Am Morgen startete ich mit Jeremy und seiner Frau. Alle drei wollten wir heute bis Leon gehen. Meist verlief der Weg wieder parallel zur Hauptstraße und lies sich nicht besonders gut laufen. In Mansilla de las Múlas frühstückten wir. Im Ortskern stand es ein schönes Denkmal: drei müde Pilger, die sich auf Treppenstufen vor einem Kreuz niedergelassen hatten. Ging es ihnen genau wie uns, oder umgekehrt? Das war natürlich ein super Motiv zum Fotografieren und wir setzten uns gleich dazu.

Am frühen Nachmittag erreichten wir León. Unsere heutige Nacht wollten wir in der Herberge des Benediktinerklosters verbringen. Gleich zu Anfang der Schreck, in unserem Schlafsaal standen Betten für 42 Wanderwütige, also Pilgerfeeling pur. Bis zum Abend waren alle 42 Betten belegt.

Auch im gleich großen Raum vor uns war bis zum Abend kein einziges Bett mehr frei. Das würde morgen früh an den wenigen Waschbecken sicher ganz eng werden. Mehr, als jeweils zwei Waschbecken für die Männer und zwei für die Frauen, gab es nicht.

Ich gab das Meiste meiner Wäsche zum Waschen und Trocknen ab. Für 8,- € zwar etwas teuer, aber äußerst nötig und man brauchte es nicht selber machen. Das Wäschewaschen wurde von den Schwestern übernommen. Man legte lediglich alles in einen Korb und dazu einen Zettel mit seinem Namen.

Dass es ein Waschen mit Überraschung werden soll-

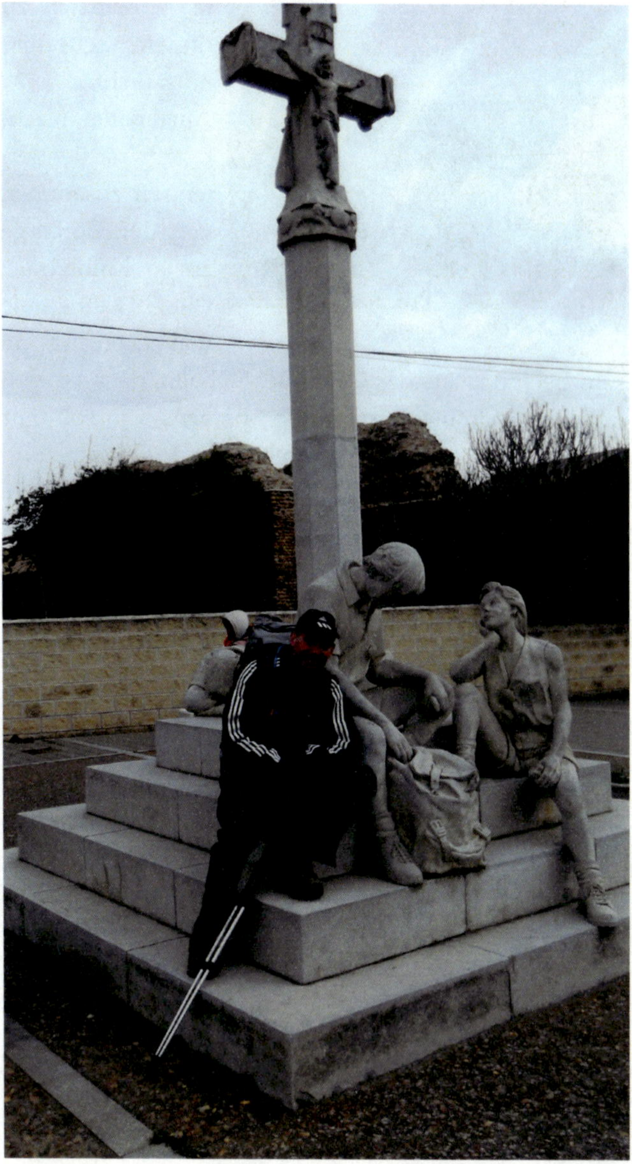

te, wusste ich zu diesem Zeitpunkt noch nicht.

Am späten Nachmittag schlenderten wir zusammen von der Herberge zur Kathedrale. Die Kathedrale von León ist ein sehr beeindruckendes Gebäude. Es heißt, dass sie vielleicht die schönste Kathedrale Spaniens sein soll. Für 5,- € Eintritt bekommt man auch einen Audioguide und kann dann die Kathedrale auf eigene Faust erkunden. Das wollte ich mir, anders als in Burgos, dieses mal nicht entgehen lassen.

*42 Betten in engen Räumen*

Im Stil der französischen Gotik ist das Bauwerk einfach

*Die Kathedrale von León im Stil der französischen Gotik*

atemberaubend. Die Höhe der Pfeiler und des gesamten Kirchenschiffes ist überwältigend und war für das 13. Jahrhundert einzigartig. Allein die Fensterfläche beträgt ca. 1.800 qm. Nach der Besichtigung gönnten wir uns noch ein Pilgermenü.
Zurück in der Herberge, fand ich meine Wäsche gleich neben der Eingangstür zum Schlafsaal wieder. Alles war sauber und trocken. Alles? Beim Sortieren bemerkte ich dass ein Handschuh und zwei Unterhosen fehlten.
„Na super!", eine hatte ich ja noch an und zur Not auch noch die Badehose dabei.
Ich fragte beim Hospitaliero nach und er durchsuchte daraufhin noch mal den Waschraum, um mit leeren Händen zurückzukommen. Es lag auch nichts mehr in der Waschmaschine oder dem Trockner.
„Und nun?" fragte ich.
Plötzlich schien er eine Idee zu haben. Er führte mich, in einer anderen Bettenreihe unseres Schlafsaales, zu einem weiteren Wäschekorb eines Radpilgers. Den durchsuchte ich gleich und fand zum Glück meine fehlenden Teile wieder.
„Na Gott sei Dank", das endete noch mal gut.
Somit konnte ich den Tag in Ruhe und mit Ohropax für die Nacht beenden.

•

## 13. Tag: León – Hospital de Órbigo
(37,8 km)

Der 13. Tag auf meinem Camino begann gleich mit Tränen. Schon beim Aufstehen hatte ich von meiner Frau die Mitteilung bekommen, dass letzte Nacht die Mutter meines Freundes verstorben sei.

Ich kannte Renate seit vielen Jahren. Weil sie die letzten beiden Jahre im Koma lag und sich keine Besserung abzeichnete, wussten wir alle, dass dies irgendwann passieren könnte, aber wenn es dann geschieht, ist es doch so unerwartet. Das Schlimmste für mich war aber auch, dass ich jetzt nicht bei ihm und seiner Frau sein konnte. Ich konnte überhaupt nichts tun. Unter Tränen schickte ich Andreas und Karina eine SMS und sprach ihnen mein Beileid aus. Ich hätte anrufen können, aber dazu fehlte mir irgendwie der Mut.

Ich war froh, dass ich mit Jeremy zusammen gehen konnte. Seine Frau tröstete mich und erzählte mir von Gottes Wille und Gebeten und dass sie es nun besser haben würde. Richtiger Trost war es zwar nicht, da ich sehr genau wusste, wie man sich bei dem Verlust eines Elternteiles fühlt. Ich habe meine Eltern schon beide verloren.

Bei leichtem Nieselregen gingen wir los. Es war noch ein langer Weg bis zur Stadt hinaus. Im Vorort La Virgin del Camino machten wir Pause für unser Frühstück. Kurz danach trennten sich jedoch unsere Wege. Ich wollte die alternative Route über die einsamen Pisten der kastilischen Felder gehen. Jeremy entschied sich für die Hauptroute neben der viel befahrenen National-

*Über die Hochebene nach Chozas de Abajo*

straße N-120. Ich wollte einfach nur Ruhe und den Tag allein für mich verbringen, also war ich auch ganz froh über die Trennung. Wir würden uns bestimmt wiedersehen.

Nach einem kurzen Winken folgte ich der andere Route über Villar de Mazarife und verließ die laute Straße. Mein Strecke verlängerte sich zwar somit um ca. drei Kilometer, aber das war mir egal. Landschaftlich war dieser Weg auf alle Fälle schöner und ich allein, um meinen Gedanken nachzuhängen. In Villar de Mazarife hatte ich bereits 21,5 Kilometer hinter mir und dort

*Die römische Brück in Hospital de Órbigo*

*Herberge „San Miguel"*

wollte ich auch bleiben. Da die Uhr erst 13:00 Uhr anzeigte, legte ich eine kurze Rast ein, trank ein frisches, kühles Bier und machte mich wieder auf den Weg, um noch nach Hospital de Órbigo zu laufen. Die nächsten 13,5 Kilometer gaben mir noch mal genügend Zeit zum Nachdenken. Wie gerne wäre ich jetzt zu Hause. Ich nahm mir fest vor, wenn ich in Santiago bin, werde ich für Renate in der Kathedrale beten.

Gegen 17:00 Uhr erreichte ich die Albergue „San Miguel", eine sehr gemütliche Herberge, wo die Pilger malen können. Wer möchte, kann sich Malutensilien geben lassen und einfach loslegen. Die schönsten Bilder werden in den Räumen ausgestellt. Im Eingangsbereich gab es einen Kamin und ich setzte mich nach dem Duschen mit anderen Pilgern ans Feuer. Die Wärme tat richtig gut. Nach dem Abendessen verkroch ich mich gleich ins Bett. Der heute Tag war sehr kräftezehrend gewesen. Zum einen die vielen Kilometer, die ich hinter mir hatte, zum anderen, und was bedeutend mehr wog, meine Gedanken an zu Hause, die mich die ganze Zeit beschäftigten.

•

## 19. Tag: Hospital de Órbigo – El Ganso
(31,5 km)

Nach einem nicht so üppigen Frühstück brach ich heute erst um 8:00 Uhr auf. Ich wollte den Tag etwas gemütlich angehen. Dieselbe Idee hatte der Wind heute offenbar auch. Es war windstill und das Wandern machte so gleich viel mehr Spaß. Ich hatte mir noch kein konkretes Ziel für den Tag gesetzt. So wie es kommt, so kommt es eben. Nach ca. 15 Kilometern, in einem Vorort von Astorga, genoss in aller Ruhe mein Frühstück bei einem Gespräch mit einem Pilgerpaar aus Kanada.

Nach Astorga war es nicht mehr weit und ich nahm mir die Zeit, um die Kathedrale und das Museum der Kathedrale anzusehen. Es war ziemlich beeindruckend, was es dort für Kostbarkeiten zu sehen gab. Nach ausgiebiger Besichtigung und einem kurzen Halt für ein frisches Bier setzte ich meine Wanderung fort.

Interessant ist, dass in Astorga, der aus Sevilla kom-

*Kathedrale und Kathedralmuseum in Astorga*

mende Jakobsweg „Vía de la Plata", auf den „Camino Francés" trifft. Somit war Astorga immer schon ein wichtiger Punkt auf dem Jakobsweg.

Gegen 16:00 Uhr kam ich in El Ganso an und steuerte

*Zwischen Santa Catalina de Samoza und El Ganzo*

dort die einzige am Ort befindliche Herberge „Gabino" an. Es war eine kleine, aber doch recht gemütliche Herberge und im Preis von 8,- € war sogar noch ein Frühstück inklusive. Der morgige Tag würde sehr interessant werden, denn morgen sollte ich das „Cruz de Ferro", den wohl symbolträchtigsten Punkt auf dem gesamten Jakobsweg, erreichen. Ich hoffte, dass das Wetter morgen min-

*Herberge in El Ganzo*

destens genauso gut werden würde wie heute und die Fernsicht ebenso.

Heute hatte ich zu meiner Linken die ganze Zeit die schneebedeckten Berge von León. Das war ein tolles Panorama. Die gesamte heutige Strecke durch die hügelige Landschaft „Margatería" war doch viel reizvoller als die letzten Tag durch die relativ baumlose „Meseta".

Das Pilgermenü fiel heute etwas dürftig aus. Die „Cowboy-Bar" offenbarte sich am Ende als eine mehr oder weniger gut dekorierte und mit einer Theke versehene Garage. Das große Tor stand halb offen und es war kalt. Es gab zwar einen Kamin, indem auch ein letztes Stückchen Holz noch glühte, jedoch durften wir kein Holz auflegen. Als der Besitzer mal kurz hinaus ging habe die Situation gleich ausgenutzt, um doch etwas Holz nachzulegen. Schließlich war uns allen kalt. Leider dauerte unser Glück nicht allzu lange. Gleich nachdem der Chef wieder hereinkam und sah, dass wir aufgelegt hatten, stürmte er auf den Kamin zu und zog das Holz wieder aus der Glut. Einen bösen Blick und unverständliches Gebrammel erhielten wir gratis dazu.

Wir waren gerade mal fünf Pilger in diesem kleinen Ort und hatten somit wahrscheinlich die Einwohnerzahl an diesem Abend verdoppelt. Nach unserem schmalen Abendessen nahmen wir noch eine Flasche Wein mit, um diese dann zusammen in der Herberge zu trinken. Der Abend endete sehr früh und ich freute mich schon auf den morgigen Tag.

•

## 20. Tag: El Ganso – Molinaseca
(32 km)

Um 7:00 standen wir alle auf. Da wir ja nur fünf Pilger waren, frühstückten wir zusammen und ließen uns den ersten Kaffee des Tages schmecken. Als ich um 8:00 Uhr aufbrach und aus der Herberge trat, zeigte sich das Wetter von einer viel besseren Seite als die letzten Tage. Es war windstill und auf die Berge von León sah man schon die Sonne scheinen. Das wird ein schöner Tag, das wusste ich irgendwie.
Frohgelaunt begann ich meinen 20. Tag auf dem Camino. Der Weg führte leicht ansteigend nach Rabanal del Camino durch herrliche Landschaften und immer im Vordergrund die schneebedeckten Berge von León. Unterwegs traf ich auch wieder meinen Weggefährten Jonny mit seinem Fahrgestell, das er sich um den Bauch gebunden hatte und so sein Gepäck hinter sich herzog. Jonny war ein recht lustiger Typ, der ständig erzählte, obwohl ihn doch niemand verstand. Er sprach nur Spanisch und ich verstand kaum ein Wort. Er zeigte mir Bilder von seiner Familie und kleine Videos auf seinem Handy von seinen zwei Kindern. Wir kannten uns aus der Herberge von der letzter Nacht.
In Rabanal angekommen, trank ich nur kurz einen Kaffee, um dann gleich weiter nach Foncebadón zu gehen. Von dort schlängelte sich der Weg steil berauf und die Hochebene der letzten Tage lag wie in einem Bilderbuch vor mir. Die Sicht war so gut, dass man gar nicht ermessen konnte, wie weit der Blick zurückreichte. An diesem Panorama konnte ich mich gar nicht sattsehen.

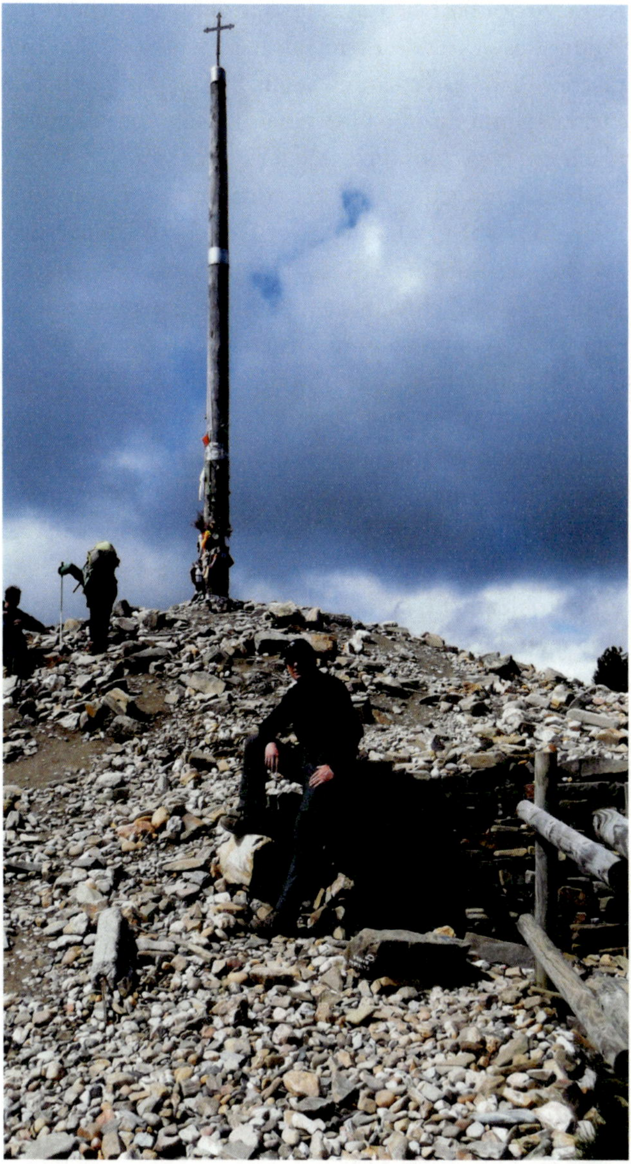

Kurz vor 12:00 Uhr erreichte ich dann bei schönstem Wetter das „Cruz de Ferro" auf 1.517 m Höhe. Ein magischer Platz! Ein eisernes Kreuz auf einem 5 m hohen Eichenstamm thronte über einem riesigen Steinhaufen. Nach uralter Tradition legt jeder Pilger hier seinen, von zu Hause mitgebrachten, Stein nieder. Nun war auch mein Moment gekommen. Der Stein, den ich seit drei Wochen bei mir trug, würde diesen Steinhaufen jetzt erweitern. Natürlich war mein Stein ein ganz besonderer Stein. Kurz vor meinem Aufbruch nach Saint-Jean-Pied-de-Port hatte ich zu Hause eine „kleine" Abschiedsfeier gegeben. Alle Freunde, Geschwister, Schwiegereltern und Arbeitskollegen hatten ihre Namen auf diesen Stein geschrieben und damit all ihre Sorgen auf den Stein gebannt. Genau diesen Stein legte ich heute punkt 12:00 Uhr an diesem Ort ab und somit symbolisch alle Sorgen und Probleme. Etwas belustigt dachte ich so bei mir: „Ob man daheim jetzt etwas merkt?"

Ich verweilte noch einige Zeit am Kreuz und ließ den Moment wirken. Als ich danach meinen Weg wieder aufnahm, spürte ich eine innere Zufriedenheit. Ich hatte das Gefühl, dass mir das Laufen und auch mein Rucksack viel leichter vorkamen.

Nach kurzem Bergab ging es dann noch mal auf 1.500 m hinauf. Von dort hatte man schon Sicht auf Ponferrada im Tal. Eine traumhafte Kulisse bot sich von meinem Standpunkt aus. Ponferrada lag vor mir wie eine Perle im Ozean. Eingerahmt von den Bergen lag es still im Tal und warte auf mich.

Hier begann jetzt der Abstieg, welcher teilweise sehr steil und steinig war. Das ging ziemlich in die Beine und ließ mich nur langsam voran kommen.

Im nächsten Ort, namens Al Acebo, wollte ich eigentlich meinen Marsch beenden und dort in die Herberge gehen.

Gleich am Ortseingang gab es eine größere Bar und man konnte gemütlich in der Sonne sitzen. Das war das erste Mal überhaupt, dass ich meine Hosenbeine abzippen und man draußen sitzen konnte. Ich genoss die wärmenden Sonnenstrahlen bei einem großen, kühlen Bier. Nach einer halben Stunde hatte ich wieder so viel Energie und Freude an dem schönen Wetter, dass ich beschloss doch noch (nunmehr in kurzer Hose) weiter zu gehen.

So kam ich dann nach weiteren 9 Kilometern und teilweise steilem Abstieg gegen 17:00 Uhr in Molinaseca an.

Dort gab es zwei, etwas vom Ortskern abgelegene, Herbergen. Kurz vor der privaten Herberge sah ich Jürgen und Patricia aus der Schweiz, die mir bereits auf meinem Weg nach El Ganso begegnet waren, auf der anderen Straßenseite.

„In der Herberge rechter Hand ist gerade die spanische Pilgergruppe eingezogen", riefen sie mir zu.

Somit war für mich klar, dass ich noch ein Stück weiter in die private Herberge auf der linken Straßenseite gehen würde. In der Gruppe gab es nämlich zwei Männer, welche sehr „laut" schliefen und das kannte ich bereits aus einer vorherigen Herberge, als ich mit diese Gruppe schon einmal einen Raum teilte.

In der privaten Herberge bekam ich Platz und ruhte mich erst einmal aus. Unten gab es einen Kamin.

*Blick auf Ponferrada*

Zum Abendessen ging ich mit Marco aus Slowenien zurück in den Ort. Marco traf ich bereits in der Herberge in El Ganso und auch am „Cruz de Ferro". Dort hatten wir uns gegenseitig fotografiert. Dass meine Dienste für ihn leider umsonst sein würden, ahnten wir an diesem Tag noch nicht.

In einem Restaurant, gleich bei der Brücke in Molinaseca ließen wir uns zu unserem Pilgermenü nieder.

*Molinaseca*

Kurz vor dem Dessert überfielen über 30 spanische Pilger das Restaurant. Die Ruhe war vorbei. Das gleiche Szenario wie in der Herberge mit der „bekannten" spanischen Gruppe, scheinbar können Spanier nur laut und viel reden.

Schnell aßen wir noch unser Dessert, um unser letztes Glas Wein dann vor dem Restaurant zu trinken. Als wir zurück in die Herberge kamen, saßen alle Pilger zusammen am Kamin und wir tauschten noch Erfahrungen aus. Jeder hatte heute sein persönliches Erlebnis am „Cruz de Ferro". Jeder erzählte von seinem Stein und den damit verbunden Hoffnungen und Wünschen. Für mich war es heute ein ganz besonderer Tag und bisher der schönste überhaupt auf meinem Camino.

●

## 21. Tag: Molinaseca – Villafranca del Bierzo
(32 km)

Um kurz nach 8:00 Uhr begann ich meinen heutigen Tag bei mäßigem Wetter. Bis nach Ponferrada waren es gut sieben Kilometer und dort wollte ich frühstücken. Der Jakobsweg verlief hier meist auf Landstraßen oder auf Gehwegen und war somit nicht so schön zu laufen. In Ponferrada führt der Camino direkt an der Templerburg vorbei, was wohl das einzig Sehenswerte in dieser Stadt ist. Ponferrada ist die Hauptstadt der Region Bierzo und liegt zwischen Kastilien und Galicien. Die Templerburg diente früher den Kreuzrittern als

*Die Templerburg in Ponferrada*

Stützpunkt. Den Schutz der Pilger hatten sich die Kreuzritter zur Aufgabe gemacht. Ebenso konnten Pilger auf ihrem Weg nach Santiago bei den Templern auch Geld deponieren, dass somit vor Überfällen sicher war.
„Auf mein Geld kann ich gut selber aufpassen", dachte ich leicht amüsiert und so viel trug ich auch nicht bei mir, dass man dazu eine große Burg braucht.
Zu einem Frühstück sollte es nicht kommen. Entweder waren die Restaurants noch geschlossen oder es gab nur Kleinigkeiten. Der Weg durch die Stadt strapazierte ziemlich meine Füße. Um so mehr war ich erfreut, als

ich am Ortsausgang doch noch eine Bar fand, in der ich frühstücken konnte. Dort traf ich Marco wieder. Weiter ging es noch eine ganze Zeit lang durch die Vororte von Ponferrada, bis der Weg wieder angenehmer wurde. Es folgten die Weingebiete von El Bierzo mit den unzähligen Feldern mit diesen kurzen und knorpeligen Rebstöcken.

In Cacabelos folgte mein nächster Stopp. Erst mal Schuhe ausziehen und in Ruhe etwas trinken. Von Ponferrada bis Cacabelos waren es bereits 16 Kilometer. Ich wollte noch weiter nach Villafranca del Bierzo, weil es dort drei Herbergen gab. Der Weg ging meist entlang der Landstraße. In Villafranca ließ ich die Gemeindeherberge am Ortseingang links liegen. Mein Ziel war die Herberge „Albergue del la Piedra" am anderen Ende des Ortes. Dort angekommen musste ich leider erfahren, dass das letzte Bett zwei Minuten vorher vergeben worden war. Der noch recht junge Hospitaliero bot mir erstmal einen Kaffee an und sagte mir, dass er mir nach dem Kaffee hilft ein Bett zu finden.

Die Herberge mitten im Ort war bereits Anfang des Jahres abgebrannt und stand nur noch als Ruine am Wegesrand. Somit blieb nur die Gemeindeherberge. Zum Glück bot er sich an, mich die 1,2 Kilometer zurückzufahren. Das war eine sehr nette Geste von ihm und ich bedankte mich herzlich dafür.

Die etwas nüchtern eingerichtete Herberge nutzte ich gleich um meine Wäsche und auch meinen Schlafsack zu waschen, da es hier eine Waschmaschine und einen Trockner gab. Die Waschmaschine war wohl nicht mehr so ganz in Ordnung und es lief erstmal ziemlich viel

Wasser aus und verteilte sich auf dem Fußboden. Am Ende wurde aber alles sauber und auch trocken.

Jürgen und Patricia traf ich auch in der Herberge wieder. Wir schliefen im selben Raum und Patricia lag direkt im Bett unter mir. Da die Beiden großen Hunger hatten, wollten sie gleich in den Ort zum Abendessen. Ich musste aber noch auf meine Wäsche warten, der Trockner lief noch. Die Zeit konnte ich gut überbrücken, da es unten in der Herberge einen Raum gab, wo es sich schon einige Pilger am Kamin gemütlich gemacht hatten. Später ging ich dann auch zum Essen.

Beim Abendessen saß ich mit einer 4-er Gruppe aus Frankreich zusammen. Ein älterer Herr von 70 Jahren wanderte mit seinen beiden Söhnen und seiner Schwiegertochter den Jakobsweg. Der Mann hat mich sehr beeindruckt, da er mir total fit und lebenslustig vorkam. Leider konnte er kein Deutsch oder Englisch und so musste sein Sohn alles übersetzen. Aber das war auch kein Problem und wir haben uns gut verständigen können. Wir führten noch ein nettes Gespräch bis es um 21:30 Uhr Zeit zum Schlafen für mich war.

•

## 22. Tag: Villafranca del Bierzo – O Cebreiro
(32 km)

Die Nachtruhe endete bereits um 6:30 Uhr. Im Schlafsaal herrschte schon reges Treiben. Die sanitären Anlagen in dieser Herberge waren ganz passabel, die Schlafsäle aber, mit über 10 Betten, sehr eng.

Kurz vor Ortsausgang kam mir Jürgen alleine entgegen. Er wollte die Alternativroute gehen, welche nicht entlang der Nationalstraße, sondern durch die Berge führt, seine Freundin hingegen die vier Kilometer kürzere Strecke im Tal. Straßen hatte ich bereits genug gesehen und abgelaufen und so ging ich kurzerhand mit ihm den längeren Weg. Gleich hinter der Brücke geht rechts ein Weg ab, der anfangs schlecht ausgeschildert ist. Der Weg führt von 500 m Höhe auf knapp 1.000 m Höhe steil bergan. Das Wetter war ganz gut und oben auf dem Pass schien die Sonne. Die Strecke war einfach wunderschön und die Aussicht ebenso. Die 4 Kilometer mehr hatten sich echt gelohnt und ich war froh mitgegangen zu sein.

Jürgen erzählte mir von seinem Leben, seinem Vater, mit dem er keine Beziehung mehr hatte, und von seiner teilweise drogenbestimmten Jugend. Jetzt erst erfuhr ich von ihm den wahren Grund seiner Reise. Hier sollte endgültig ein Schlussstrich unter sein bisheriges Leben gezogen werden.

Mit Patricia hatte er eine Freundin gefunden, die ihm neuen Halt gab und die für ihn da war. Ich fand sowieso, dass die beiden sehr gut zusammenpassen, und gab ihm den Rat, dieses Mädchen festzuhalten. Ich glaube, dass auch Jürgen sehr froh war, dass ich mit ihm den Weg über den Pass gegangen war und er sich alles von der Seele reden konnte.

Nach 13 Kilometer trafen wir dann Patricia in einer Bar in Trabadelo wieder, wo sie bereits auf uns wartete. Ich legte jetzt erst einmal meine Frühstückspause ein. Die beiden gingen bereits vor mir wieder weiter. Allein brach ich nach dem Frühstück auf, um die nächsten acht bis zehn Kilometer in Angriff zu nehmen.

*auf der Nebenroute „Camino duro"*

Gegen Mittag machte ich dann eine kurze Rast in Vega de Valcarce und wer saß dort bereits in dem Café? Jürgen und Patricia! Danach gingen wir zusammen weiter. Wir wollten heute auf alle Fälle noch den Aufstieg bis nach

*Hohlweg RichtungTrabadelo*

O Cebreiro schaffen. Leider wurde das Wetter schlechter und es begann wieder zu regnen.

Nach einem kurzen Stopp in La Faba, auf 900 m Höhe, galt es jetzt noch weitere 500 Höhenmeter zu schaffen. O Cebreiro liegt auf fast 1.400 m Höhe.

Spassigerweise wird der Pass von Pilgern auch „Oh Krepiero!" genannt. Ganz unpassend fanden wir dieses Wortspiel nicht. Kurz vor Ankunft überschreitet man die Grenze zu Galicien. An dem großen Grenzstein schossen wir noch ein paar Fotos im Regen. So viel Zeit musste sein.

Gegen 17:00 Uhr erreichten wir glücklich und durchnässt die einzige am Ort befindliche Herberge. Hier trafen wir viele Freunde der letzten Tage wieder. Dort waren bereits Jonny, Marco, die kleine Gruppe Franzosen mit ihrem Vater und noch einige andere. Da gab es natürlich viel zu erzählen.

*Die Grenze zu Galizien*

Der Aufenthalt in den Herbergen ist nicht immer so angenehm, wie man es sich vorstellt und man muss oft Abstriche machen. Man trifft aber immer Gleichgesinnte und kommt sofort ins Gespräch, egal, welcher Nationalität.

Ich denke, gerade das macht den Camino aus. Hier gibt es keine Unterschiede, alle sind gleich und auch wieder so verschieden und alle haben das gleiche Ziel. Es ist einfach schön, sich nach den Erlebnissen des Tages am Abend mit anderen Pilgern austauschen zu können. Der Camino ist wie eine Zeitung. Jeden Tag gibt es etwas Neues zu erfahren und man hört von anderen Pilgern über andere Pilger, die man getroffen hat und auch selber bereits kennt. Es werden Nachrichten ausgetauscht.

„Hast du die Lisa gesehen, der ging es doch die letzten Tag nicht so gut?",

„Was macht denn eigentlich die Ärztin, die doch so große Probleme mit ihren Füßen hatte?",

„Ach, jetzt ist sie doch im Krankenhaus gewesen?",

„Hast du denn den Josch mal wieder getroffen?"

Es geht niemand verloren. Irgendwie sind alle im Kontakt miteinander.

Nach einem gemeinsamen Bummel durch diesen wunderschönen galicischen Ort und einem Abendessen mit Jürgen und Patricia war der Abend für mich um 21:00 Uhr beendet. Wenn ich so weiterging, würde ich am Sonntag in Santiago sein, eigentlich weit vor meiner ursprünglichen Planung. Sonntag wäre sicher ein sehr guter Tag, um in Santiago anzukommen, zumindest hatte ich das so für mich festgelegt. Die Messe am Sonntag ist sicher etwas festlicher als an einem Wochentag. Der Gedanke daran, meinem Ziel schon so nahe zu sein, löste in mir doch ein gewisse Nachdenklichkeit aus. Meine Wanderung würde nicht mehr lange dauern und ich war doch noch gar nicht so lange unterwegs. Die Zeit verging immer schneller.

•

## 23. Tag: O Cebreiro – San Mamede
(35,7 km)

Die Nacht in der Herberge war etwas unruhig. Der Schlafsaal fasste ca. 40 Betten, die Belüftung ließ sehr zu wünschen übrig und einige Pilger schnarchten ziemlich laut. Das waren sicher die Einzigen, die morgens ausgeschlafen hatten. Als ich von der Morgentoilette zurückkam, haute es mich beim Betreten des Saales fast um. Jetzt merkte man erstmal, welch eine Wärme und vor allem, was für eine schlechte Luft in dem Raum herrschte. Alles schnell einpacken und nichts wie los.
Kurze Zeit später stand ich auch schon vor der Tür und wurde von einer tollen Fernsicht über die vor mir liegenden Täler bis hin zu den Bergen belohnt. Vom Tal zogen leichte Nebelwolken auf, die dem ganzen Bild etwas Mystisches gaben. Die Sonne verbarg sich noch hinter den gegenübeliegenden Bergen, aber zeigte bereits einen violetten Streifen am Horizont. Hinter dem Ort sah man Nebelschwaden über den Berg ziehen.
Patricia und Jürgen brachen mit mir zusammen auf. Der erste Teil der Strecke verlief immer noch auf dem Berg entlang und man hatte die schönsten Aussichten. Später überquerten wir den 1.337 m hohen Pass „Alto do Poio", dem höchsten Punkt auf dem galicischen Teil des Jakobsweges. Nach einem café con leche ging es die nächsten 13 Kilometer fast 700 Höhenmeter bergab nach Tricastela.
Von hier aus wollte ich heute noch ca. 14 Kilometer bis Aguiada wandern. Durch die Dörfer Balsa und San Xil führt der Weg über den Pass von Riocabo.

*Sonnenaufgang in O Cebreiro*

Das ging ganz schön in die Beine und an die Substanz. In Furela stoppte ich für eine kurze Rast, um zu trinken und um meinen Füßen Zeit zur Erholung zu geben. Die restlichen drei Kilometer musste ich leider wieder im Regen bewältigen.

In der privaten Herberge in San Mamede, kurz hinter Aguiada, angekommen, merkte ich sofort, dass sich der Weg hierher gelohnt hatte. Die Herberge „Paloma y Lena" war eine sehr freundliche und moderne Herberge, in der es sehr familiär zuging. Die Zimmer hatten jeweils nur acht Betten und jedes Zimmer ein eigenes Bad. In dem großen Aufenthaltsraum gab es einen Kamin und zum Abendessen wurde für uns gekocht. Es

*Quelle auf dem Wag nach Aguiada*

war total gemütlich hier und für mich die beste Herberge auf meinem bisherigen Weg.
Hier traf ich Mandy, eine Pilgerin aus Thüringen. Insgesamt waren wir nur neun Pilger und es war beim Essen wie bei einer großen Familie. Selbst die Kinder der Familie des Hospitalieros sprangen umher und vermittelten noch mehr das familiäre Flair. Die beiden kleinen Mädchen babbelten in Spanisch und malten für uns Bilder. Vor lauter Eifer wollten Sie dann auch gleich noch ein paar lustige Bilder in mein Tagebuch malen, worauf ich aber lieber verzichtete.
So etwas hatte ich bisher noch nicht erlebt. Das war heute ein echter Glücksgriff. Diese Herberge bekam auf meiner eigenen Punkteliste jedenfalls volle 10 Punkte. Beim Essen saß Martin aus Rosenheim neben mir, den ich noch öfters treffen sollte. Der gemütliche Abend am Kamin wird mir in besonderer Erinnerung bleiben.

•

## 24. Tag: San Mamede – Gonzar
(34 km)

Bei einer guten Tasse Kaffee im „Kaminzimmer" ließ ich den Tag heute etwas ruhiger beginnen. Kurz vor 8:00 Uhr brach ich auf. Nach gut vier Kilometern hatte ich Sarria erreicht. Bis dahin hielt sich das Wetter noch ganz gut.

In Sarria beginnt das meist begangene Stück des Jakobsweges. Von hier an sind es noch ca. 100 Kilometer bis Santiago de Compostela. Um die Pilgerurkunde zu bekommen, muss man spätestens ab hier den Weg zu Fuß gelaufen sein. Daher ist Sarria für viele „Urkundenjäger" der Startpunkt. Von den wahren Pilgern werden diese Sonntagspilger nur „Tourigrinos" oder „Dominigrinos" genannt, weil sie zudem ihr Gepäck meist mit dem Bus oder Taxi vorwegschicken und selbst mit leichtem Rucksack hinterher laufen und meinen, das Pilgern erfunden zu haben. Natürlich gibt es auch Pilger, die sich eine weitere Strecke einfach nicht zutrauen. Man erkennt aber schnell den Unterschied, ob es sich um Menschen handelt, die erschöpft vom Wandern sind, oder die andere Mitpilger kaum respektieren.

Ab hier trifft man auch zusehends mehr und mehr spanische Jugendliche. Ich hörte von anderen Pilgern, dass es für den Erfolg einer Berufsbewerbung von Vorteil sei, wenn man die „Compostela-Urkunde" sein Eigen nennen kann.

Nach Sarria sollte das Wetter nicht mehr so angenehm bleiben. Es begann wieder zu regnen und ich war kurze Zeit später durch und durch nass. Mein Regenponcho

*Auf dem Weg nach Gonza*

konnte da nicht viel aufhalten. Bis zum Gürtel war ich total durchnässt und meine Hose klebte förmlich auf der Haut. Also gab es nur eines, weiterlaufen und hoffen, dass der Regen bald aufhört und die Sachen wieder trocknen. Das sollte aber noch lange dauern.

Nach geraumer Zeit machte ich bei der bisher einzigen Unterstellmöglichkeit am Weg Halt und wechselte meine Strümpfe, da mittlerweile auch meine Schuhe total durchnässt waren. Als ich dort so saß und auf meine feuchte Klamotten schaute, kam auch Mandy vorbei, die ich gestern in der Herberge kennengelernt hatte. Auch sie musste erstmal halten, um ihre Strümpfe zu wechseln. Nach einer kurzen Pause gingen wir weiter.

Gegen Mittag hörte der Regen auf und meine Hose und meine Schuhe trockneten langsam wieder. Endlich schien die Sonne und die Lust am Laufen war wieder da. In einer kleinen, gemütlichen Herberge in Moimentos ließen wir uns kurze Zeit später in der Sonne nieder und gönnten uns einen Kaffee. Im Hintergrund erklang Musik von Enya. Nach all dem Regen verspürte ich einen Hauch von Urlaubsgefühl und wäre am liebsten dort sitzen geblieben.

Unser geplantes Ziel, Portomarin, lag aber noch einige Kilometer vor uns. Den aufgestauten Fluss Minó überquert man über eine lange Brücke, ehe man in den neuen Ort Portomarin kommt. Der alte Ort ist dem Staudamm zum Opfer gefallen und im Wasser versunken.

Da wir noch genügend Zeit hatten setzten wir uns in einer Café-Bar in die Sonne. Wie wir so gemütlich da saßen und jeden Sonnenstrahl in uns aufsogen, erzählten uns vorbeiziehende Pilger, dass die Herbergen hier alle schon ziemlich voll seien. So beschlossen wir, doch noch bis Gonzar zu gehen. Das waren noch mal acht Kilometer, aber bei dem schönen Wetter eine gut zu laufende Strecke.

Gegen 18:00 Uhr kamen wir in der privaten Herberge von Gonzar an. Es stellte sich schnell heraus, dass diese Unterkunft genau wie gestern Abend ein echter Glücksgriff war. Es war eine kleine gemütliche Herberge, wo abends auch wieder für uns gekocht wurde. Während des Essens kam dann auch noch Martin, vollkommen durchnässt, denn es hatte wieder zu regnen begonnen, bei uns in der Herberge an. Er hatte heute auch die 34 Kilometer geschafft.

Mit uns waren unter anderem auch ein junger Mann aus Österreich und eine ältere Dame aus Kanada in der Herberge. Beim Essen kamen wir ins Gespräch und ich hatte mal wieder zwei Extreme auf dem Camino getroffen. Erika aus Montreal, stammte aus Österreich, war 83 Jahre alt und ging ihren neunten Camino. Mit ihren 83 Jahren war sie noch so top fit und erfreute uns mit ihren Geschichten. Sie kannte den *Camino Francés* in- und auswendig. Jedes Dorf wusste sie mit Namen und auch welche Herbergen in welchem Ort gut oder welche nicht zu empfehlen waren. Ich hatte oftmals Probleme, mich an den Ortsnamen des Tages zuvor zu erinnern. Sie war ein wandelnder Reiseführer und hat mich total beeindruckt. Ihr Mann ist ein Jahr jünger als sie und holt sie nach ihrer Wanderung dann in ihrer alten Heimat Österreich ab. Das musste wahre Liebe sein! In diesem Alter noch so fit zu sein hat mich sehr fasziniert. Selbstverständlich hat sie auch immer in Herbergen und nur selten in Pensionen geschlafen. Für ihr Alter fand ich das um so beachtlicher.

Dann war da noch der Bernhard aus Österreich. Er war 25 Jahre alt und ging jeden Tag zwischen 50 und 60 Kilometern. Bis dahin dachte ich von mir, dass ich ziemlich zügig unterwegs war, aber das stellte alles in den Schatten. Die zurückliegenden 700 Kilometer war er gerade mal in 14 Tagen gelaufen. Absolut unglaublich! Somit war dieser Abend wieder von besonderem Wert für mich. Die Gegensätze sind hier so enorm. Trotz des schlechten Wetters heute Morgen war es doch noch ein Tag mit mancher Überraschung geworden. Ganz nebenbei hatte ich heute morgen auch den Punkt „100 Kilometer bis Santiago" überschritten. Es soll wohl einen Stein am Wegesrand geben, wo diese Angabe vermerkt ist, aber ich hatte ihn leider nicht gesehen. In drei Tagen sollte ich in Santiago sein!

•

## 25. Tag: Gonzar – Melide
(33,2 km)

Die Nacht verlief schleppend. Ich hatte sehr schlecht geschlafen. Der Schnarcher in unserem Zimmer dafür um so besser. Um 7:30 Uhr brachen wir auf. Anfangs blieb es auch noch trocken und wir kamen die ersten fünf Kilometer gut voran. Dann begann es wieder zur regnen und ich war kurz darauf wieder komplett durchnässt. Zu Hause in Deutschland herrschte schon seit Tagen das schönste Wetter und hier bei uns dominierte Regen und Kälte das Wettergeschehen.

Bei unserer ersten Pause traf ich Toni aus Lengries wieder. Ihn hatte ich das letzte Mal am 6. und 7. Tag in der österreichischen Herberge in Los Arcos getroffen. Es blieb aber nur bei einem kurzen Gespräch, weil er bereits im Aufbruch war.

„Vielleicht sehen wir uns heute Abend in Melide wieder.", rief ich ihm nach.

*Noch 50 km bis Santiago*

Trotz des Regens gingen wir nach kurzer Rast weiter. Wir konnten ja nicht dort sitzen bleiben. Nach weiteren zehn Kilometern hielten wir an einer Café-Bar an, um zu frühstücken. Da es immer noch regnete kam, sie sehr gelegen. Gerade als wir beim Kaffee saßen, gesellte sich Marco aus Slowenien zu uns. Er war

letzte Nacht im selben Ort wie wir geblieben, aber in der Gemeindeherberge untergekommen. Am Morgen vergaß er seinen Fotoapparat, der unter seinem Kopfkissen lag, wieder mitzunehmen. Er hatte auch schon in der Herberge angerufen und erfahren, dass eine Kamera gefunden worden sei. Er versuchte nun ein Taxi zu bekommen, um den Weg zurückzufahren. Er tat mir sehr leid und ich dachte nur, dass mir so was hoffentlich nicht passiert. Ich hoffte, er bekommt die Kamera zurück. Wäre echt schade um die ganzen Bilder bis hierher. Marco war, genau wie ich, in Saint-Jean-Pied-de-Port gestartet. Die Kamera ist sicher ersetzbar, aber die Bilder nicht.
Noch während wir beim Frühstück saßen, sahen wir Martin draußen vorbeigehen. Ihn holten wir später in Palais de Rei wieder ein, um von dort gemeinsam weiterzugehen.
Es regnete leider immer noch. Kurz vor Casanova kam doch noch die Sonne heraus. Zu der Zeit hatten wir schon 25 Kilometer hinter uns. Mandy wollte in der Herberge bleiben. Martin machte erst mal seine Brotzeit und ich stapfte alleine weiter. Bis Melide waren es noch zehn Kilometer. Die private Herberge dort war ziemlich kalt, aber die Zimmer und die Duschen in Ordnung.
Bei diesem Wetter und den langen Strecken könnte man etwas Wärme gut gebrauchen, doch das erwies sich meist als Fehlanzeige. Um diese Jahreszeit ist man darauf scheinbar nicht mehr eingestellt. Zum Glück war es aber in dem Restaurant beim Abendessen schön warm. Hier traf ich Marco wieder. Er erzählte mir, ein Spanier habe seine Kamera mitgenommen und behauptet, es sei

seine. Das hatte ich bisher noch nicht erlebt, dass Sachen gestohlen oder abhanden gekommen waren. Marco tat mir richtig leid. Um 21:00 Uhr ging ich ins Bett. Noch ca. 50 Kilometer bis Santiago!

•

## 26. Tag: Melide – Pedrouzo
(32,8 km)

Obwohl ich nicht lange geschlafen hatte, ging ich um 8:00 Uhr erst los. Die ersten sechs Kilometer waren schnell abgelaufen. Auf einer Anhöhe sah ich plötzlich Jürgen und Patricia vor mir. Mit den beiden hatte ich jetzt nicht gerechnet. Um so mehr freuten wir uns über unser Wiedersehen. So setzten wir den Weg gemeinsam fort.

Kurze Zeit später deutete mir mein knurrender Magen an, dass es Zeit für ein gutes Frühstück sei. Die Beiden hatten bisher auch noch keine Frühstückspause eingelegt, also war die Bar am Ortseingang von Castañeda wie für uns geschaffen.

Als wir die Bar verließen, dauerte es nicht mehr lange und es be-

*Eukalytuswälder in Galizien*

gann wieder zu regnen. Das sollte auch die nächste Zeit so bleiben. Wie so oft, war ich wieder einmal triefend nass. Irgendwie hielt mein Regencape gar nichts mehr ab. Der Regen wurde gleich an die darunterliegende Kleidung abgegeben. Dieses Regenponcho würde auf alle Fälle Kap Finesterre nicht überleben. Wenn ich am Kap Finesterre Pilgerkleidung verbrennen sollte, so würde es dieses Cape sein.

Nach gut 20 Kilometern hielten wir noch mal zum Essen an. Nach unserer Pause hörte auch der Regen auf und meine Hose trocknete schnell wieder. Bei erneutem Regen kamen wir um 18:00 in der Herberge in Pedrouzo an. Die Herberge war sehr schön und nach dem Duschen machte ich gleich große Wäsche. Da es auch einen Trockner gab, war danach alles schön trocken und warm.

Im Aufenthaltsraum der Herberge traf ich ein Pilgergruppe aus Tschechien, die heute mit dem Bus angereist war. Gleich boten Sie mir einen Kaffee an und ich setzte mich zu ihnen. Sie waren schon seit längerem unterwegs und wollten morgen nach Santiago zur Pilgermesse wandern. Selbst einen eigenen Pfarrer hatten sie dabei. Während ihres Aufenthaltes in Paris wurde eigens für diese Gruppe eine Messe in der „Notre Dame" abgehalten. Sie besuchten auf ihrem Trip durch Europa viele Pilgerstätten und morgen war Santiago dran. František konnte ganz gut Deutsch sprechen und zu guter Letzt sangen alle für mich. Ich war sehr gerührt.

Beim gemeinsamen Abendessen mit Patricia und Jürgen sprachen wir über den morgigen Tag. Wie würde es sein, wenn wir morgen an unserem großen Ziel ankommen? Schon tagsüber hatten wir unseren Gedanken freien Lauf gelassen. Morgen liegen 800 Kilometer hinter mir. Was für eine Strecke!

Wie wird es sein, wie wird die Zeit danach? Für Jürgen und Patricia endet morgen der Jakobsweg. Sie hatten sich kurzfristig entschieden, noch für ein paar Tage nach Barcelona zu fliegen. Das Wetter hier reichte ihnen mittlerweile und sie wollten die letzten paar Tage in Spanien in der Sonne verbringen.

Ich werde meinen Weg noch bis ans Kap Finisterre fortsetzen, aber mein großes Ziel habe ich morgen erreicht. Ich konnte es irgendwie noch gar nicht so richtig fassen. So langsam machte sich auch Stolz auf das Erreichte in mir breit. Ich hatte es geschafft! Ganz allein war ich meinen Camino gelaufen und war doch nicht allein. Trotz des vielen Regens, der kalten Witterung, des ständigen starken Gegenwindes hatte ich es geschafft und die Freude darüber ließ mich all die Widrigkeiten vergessen. Morgen würde ich sehr früh aufbrechen, um spätestens um 11:00 Uhr an der Kathedrale in Santiago zu sein.

•

## 27. Tag: Pedrouzo – Santiago de Compostela
(21,2 km)

Dass die Nacht sehr unruhig verlief, lag an einem Mitpilger, der wieder einmal sehr „laut" schlief. Um 6:40 Uhr brachen Jürgen, Patricia und ich auf. Kurz zuvor hatte der Regen aufgehört und ich konnte ohne Regencape starten. Wir begannen unsere letzten Kilometer bis Santiago recht zügig. Nach acht Kilometern hielten wir nur ganz kurz für ein kleines Frühstück in San Paio an und schon ging es weiter. Nach zehn Kilometern trennte ich mich von den beiden. Die letzten Kilometer wollte ich ganz für mich alleine gehen.

*Pilgerstrom vor Santiago de Compostela*

Der Pilgerstrom wurde immer dichter. Kurz vor Santiago spürte ich mehr und mehr meine innere Unruhe. Nur noch ein kurzes Stück und ich bin an meinem großen Ziel! Der Weg durch die Stadt zog sich endlos dahin. Meine Schritte wurden immer schneller. Ich überquerte Straße um Straße, ging an vielen Pilgern zügig vorbei und versuchte stets die Kathedrale zu erblicken. Dann war es endlich so weit.

*Die Kathedrale von Santiago*

Nach 27 Tagen und über 800 Kilometern stand ich auf dem großen Platz vor der Kathedrale. Mir liefen die Tränen übers Gesicht und ich war einfach nur glücklich. Hier stand ich nun vor der schönsten und größten Kathedrale Spaniens. Die prunkvolle barocke Fassade (Obradoiro) überstrahlte den Platz. War mein Bewegrund auf den Jakobsweg zu gehen auch nicht religiöser Art, so hatte der Anblick des über 1000 Jahre alten Gemäuers doch etwas beeindruckendes, ja hypnotisches.

Ich verharrte lange auf dem Platz und beobachtete die nach mir ankommenden Pilger. Plötzlich entdeckte ich auch Marco aus Slowenien, wie er auf mich zusteuerte. Wir fielen uns in die Arme und beglückwünschten uns gegenseitig. Zusammen gingen wir in das Pilgerbüro und holten uns unsere Pilgerurkunde, unsere „Compostela". Während wir auf der

*Wiedersehen mit Helmut*

*Die Compostela*

Treppe vor dem Büro noch anstehen mussten, sah ich plötzlich hinter mir den Helmut aus Berlin. Ihn hatte ich schon lange nicht mehr gesehen. Wir waren ein paar Mal ein Stück des Weges zusammen gelaufen. Endlich war ich an der Reihe. Nach Vorlage meiner „Credencial" (Pilgerpasses) erhielt ich dann meine Pilgerurkunde. Es ist zwar nur ein schön verziertes Stück Papier mit meinem Namen darauf, aber für mich der Beweis, dass ich diesen Weg gegangen bin. Zusätzlich zu meinen Angaben in Saint-Jean-Pied-de-Port kreuzte ich hier als Grund meiner Wanderung noch „religiöse Gründe" an. Kurz zuvor hatte ich nämlich von einem Pilger gehört, dass man bei „religiösen Gründen" die schönere Urkunde erhält. Ansonsten bekommt man eine etwas einfachere Bescheinigung.

Voller Stolz packte ich die Urkunde sorgfältig in ein

*Mein Pilgerpass*

Papprohr, damit sie ja nichts beschädigt würde und verließ das Pilgerbüro.

Um 12:00 Uhr begann die Pilgermesse. Die Kathedrale hatte sich bis dahin ziemlich gefüllt. Mit so vielen Pilgern hatte ich nicht gerechnet. Wie voll muss das erst in den Sommermonaten sein? Während der Messe schaute ich mir die vielen Gesichter der Pilger an und in jedem Gesicht fand man den Stolz eines jeden Einzelnen wieder. Die Kathedrale von Santiago war in den letzten Wochen das erklärte Ziel des Weges und nun standen wir hier. Jeder hatte seine Erfahrungen gemacht, hatte Unwegsamkeiten überwunden und erlebte Freude mit anderen geteilt.

Am Ende der Messe wurde das 54 kg schwere Rauchfass (Botafumeiro) entzündet und quer durch das Kreuzschiff geschwenkt. Von sechs kräftigen Mönchen wird das schwere Weihrauchgefäss, welches an einem starken Seil mit sechs Enden hängt, in Schwung gebracht. Das gehörte, ohne Zweifel, zu den aufregendsten Augenblicken der ganzen Messe, der am Ende der Zeremonie auch mit großem Beifall bedacht wurde. Diese Zeremonie wird jedesmal durchgeführt, wenn mindestens 300,- € zuvor gespendet wurden. So erzählte mir es jedenfalls ein Pilger nach der Messe. Ich dachte in diesem Moment, dass mit Sicherheit einige Euros von der tschechischen Gruppe dabei gewesen sein mussten, denn ich sah František und seine Gruppe in der Messe ganz vorn stehen.

Nach der Messe fand ich mich wieder auf den Vorplatz ein, um dort noch zu verweilen. Selbst Jonny, der bereits einen Tag zuvor angekommen war, kam mir entgegen. Es wurden viele Bilder gemacht und man sah ein Menge Pilger sich um den Hals fallen.

Jürgen und Patricia traf ich wieder und wir suchten uns gemeinsam eine Herberge. Nachdem wir unser Zimmer zugewiesen bekommen hatten, gönnten wir uns erst mal ein kühles Bier.

Kurz vor 16:00 Uhr machten wir uns auf den Weg, zurück zur Kathedrale. Mitten auf dem Platz kam mir plötzlich Mandy entgegen. Mit ihr hatte ich heute noch gar nicht gerechnet, da sie so lange Strecken gar nicht gehen wollte.

Später suchten wir uns eine gemütliche Bar, wo wir auch andere bekannte Pilger wieder trafen. Der Abend wurde noch sehr interessant. Es gab so viel zu erzählen, und da mein Englisch mittlerweile auch etwas flüssiger geworden war, konnte ich mich viel besser ausdrücken. Während unseres Abendessens kamen Marco, Ryan aus Texas und Monika aus Polen in das Restaurant. Ganz nebenbei erfuhr ich, dass Marco heute Geburtstag hatte. Ein Grund mehr den heutigen Tag zu feiern.

Als ich mit Jürgen und Patricia den Heimweg antrat, trafen wir noch auf Toni. Er freute sich sehr über unser Wiedersehen und ließ uns nicht weiterziehen, ohne noch ein Glas zusammen mit uns in der nächsten Bar zu trinken. Am Ende war es fast Mitternacht geworden, als wir zurück in die Herberge gingen. Der heutige Tag war in jeder Hinsicht etwas Besonderes. Alle freuten sich, angekommen zu sein.

Mir ging es seit 11:00 Uhr bereits so.

●

## 28. Tag: Santiago de Compostela

Da ich heute in Santiago bleiben wollte, konnte ich den Tag in Ruhe beginnen. Um 8:00 Uhr stand ich erst auf. Mit Jürgen und Patricia suchte ich gegen 9:00 Uhr das Pilgerbüro auf. Gegenüber gab es ein Restaurant und wir saßen draußen. Bei einem Kaffee beobachteten wir den Eingang des Pilgerbüros. Hier mussten früher oder später alle neu ankommenden Pilger auftauchen, um ihre „Compostela" zu holen. Also mussten wir nur warten, bis bekannte Pilgerfreunde vorbeikamen. Unsere gemütliche Kaffeerunde mit dem Beobachten der Menge bezeichneten wir lustigerweise als „Pilgerwatching"!

Es dauerte natürlich auch nicht lange und zu meiner größten Freude sah ich Jeremy mit seiner Frau Halina kurze Zeit später im Pilgerbüro ankommen. Wir fielen uns um den Hals, beglückwünschten uns gegenseitig und freuten uns sehr, dass wir uns wieder getroffen hatten.

Aber wie konnte es anders sein, es begann wieder zu regnen. Da hatte ich gestern richtiges Glück gehabt mit dem schönen Wetter bei meiner Ankunft in Santiago. Die Pilger heute eroberten ihr großes Ziel im Regen. Irgendwie tat mir das sehr leid. Jeder, der diesen langen Weg gegangen ist, hat es verdient, bei strahlendem Sonnenschein hier anzukommen. Aber so ist das eben auf dem Camino, meist kommt es anders, als man es geplant hat.

Gegen Mittag hieß es dann endgültig von Jürgen und Patricia Abschied zu nehmen. Am Nachmittag ging ihr

Flug nach Barcelona, wo sie vier bis fünf Tage bleiben wollten. Das war jetzt eine Verabschiedung für immer. Die beiden würde ich auf meinem restlichen Weg nicht mehr treffen. Wir wünschten uns gegenseitig noch ein paar schöne Tage in Spanien und freuen uns, dass wir uns hier kennengelernt hatten. Schnell wurden noch Adressen getauscht. Vielleicht gibt es irgendwann eine Gelegenheit zum Wiedersehen.

Da es immer noch regnete, wollte ich erst einmal wieder zurück in die Herberge, um noch etwas auszuruhen. Gegen 18:00 Uhr brach ich zum Abendessen auf. Vor der Kathedrale traf ich einige Freunde wieder und wir suchten uns ein genütliches Restaurant. Heute sollte es auch nicht so spät werden, weil ich morgen nach Finesterre weitergehen wollte, also machte ich mich nach dem Essen umgehend auf den Weg. Zurück in der Albergue, war um 21:00 Uhr, mit der Hoffnung auf besseres Wetter, Nachtruhe angesagt. Morgen gehe ich ans „Ende der Welt", zumindest die erste Etappe.

•

## 29. Tag: Santiago de Compostela – Vilaserio
(36 km)

Um 7:00 Uhr verließ ich die Herberge in Santiago, natürlich bei leichtem Regen. Das würde heute auch so bleiben. Auf meinem Weg aus der Stadt und durch den nachfolgenden Eukalyptuswald traf ich keinen einzigen Pilger.
„Sollte ich etwa allein auf dem Weg ans Kap sein?"
Das konnte doch nicht sein. Viele Pilger, die ich bereits vorher getroffen hatte, erzählten mir, dass sie den Weg bis zum Kap noch gehen wollten. Plötzlich sah ich einen einsamen Wanderer vor mir auftauchen. Es war Martin aus Rosenheim! Ich freute mich, dass ich doch noch einen Begleiter gefunden hatte und wir gingen zusammen weiter.

Den ganzen Tag regnete es in Strömen, und wenn das mal nicht der Fall war, regnete es „normal". Nach 23 Kilometern hatten wir Negreira erreicht.

Dort steuerten wir gleich unser Ziel, die private Herberge „San José", an. Wie wir erfahren hatten, gibt es in dieser Herberge einen neuen Pilgerpass, speziell für

*Brücke über den Fluss Tambre in Ponte Maceira*

den Weg von Santiago nach Finisterre. In Finisterre gibt es dann eine eigene Pilgerurkunde für diesen Weg. Klar wollten wir diese Urkunde haben, also ließen wir uns den neuen Pass ausstellen und legten auch gleich eine Pause in der Herberge ein. Wir überlegten, ob es nicht ratsam wäre, hier zu bleiben, nass genug waren wir ja. Nach einiger Zeit ließ der Regen aber nach und so beschlossen wir, doch noch bis nach Vilaserio zu laufen. Das sollte ein Fehler sein, wie wir später feststellten.

Gut gestärkt brachen wir wieder auf. Draußen nieselte es nur noch leicht und wir durchquerten die Stadt. Kurz nachdem wir die Stadtgrenzen hinter uns gelassen hatten, regnete es in Strömen und das sollte bis Vilaserio so bleiben.

Zum Glück hatten wir am Morgen bei unserem Frühstück ein Ehepaar aus Österreich getroffen, welches den Weg von Vilaserio nach Negreira gegangen war. Sie kamen von Finesterre und wollten nach Santiago. Die Hohlwege auf der Strecke waren total schlammig und teilweise wie kleine Seen. So etwas hatten sie noch nicht erlebt und rieten uns dringend ab, dort langzugehen. Besser wäre es, die 13 Kilometer entlang der Straße zu nehmen. So marschierten wir bei strömenden Regen entlang der Hauptstraße bis Vilaserio. Jetzt hieß es nur noch, „Hauptsache ankommen!".

Bisher hielten meine Schuhe immer dicht. Heute waren auch sie an ihre Grenzen gekommen. Die letzten Kilometer stiefelte ich mit Wasser in den Schuhen. Das kann schnell zu Blasen an den Füßen führen und das wollte ich auf jeden Fall vermeiden.

Irgendwie brachten wir die Strecke noch hinter uns und

wir kamen, nass wie ein Schwamm, gegen 18:00 Uhr in der Herberge in Vilaserio an.

Ich stand im Eingang und das Wasser tropfte von mir ab. Gleich links befand sich der Waschraum mit Waschmaschine und Trockner. Der Raum war aufgrund des Trockners, der bereits lief, etwas warm. Ansonsten herrschte eine unangenehme Kälte in dem Gebäude. Ich zog nacheinander alle meine Sachen aus und legte alles auf die Waschmaschine. Zum Schluss hatte ich nur noch meine Unterhose an, aber auch die war total nass. Schnell suchte ich aus meinem Rucksack eine neue Hose raus und zog die Unterhose auch noch aus. So stand ich vollkommen nackt in dem Waschraum und war froh, alles vom Körper zu haben. Der Hospitaliero sah mich zwar etwas komisch an, doch das war mir aber in dem Moment egal. Mit neuer, trockener Kleidung gingen Martin und ich dann in unser zugewiesenes Zimmer, um gleich einen Schreck zu bekommen.

Das Zimmer hatte 14 Betten. 12 Betten waren bereits mit der Gruppe Spanier belegt, die wir bereits kannten.

„Na, das kann ja eine schöne Nacht werden." sagte ich zu Martin.

Ein Wechsel war nicht möglich, da keine weiteren Betten in den anderen beiden Räumen mehr frei waren.

„Mit Ohropax wird es schon gehen.", hoffte ich.

Um meine Schuhe wieder zu trocknen, legte ich sie vor den Trockner im Wäscheraum. Am unteren Ende kam die warme Luft aus den Entlüftungsschlitzen, die einzige warme Quelle im Haus. Der Rest war kalt und feucht, also keine Chance irgendetwas trocken zu bekommen. Meine Kleidung musste noch warten, ehe ich alles in die Waschmaschine stecken konnte, da vor mir bereits jemand große Wäsche machte.

Wir gingen, nachdem wir unser Bett fertig gemacht hatten, in die zur Herberge gehörige Bar, um Abendbrot zu essen. Dort trafen wir auf andere Pilger. Rechts neben mir saß Jule aus Jena. Ich hatte bereits von ihr gehört, sie aber bisher noch nicht getroffen. Sie kam ebenfalls aus Thüringen, genau wie Mandy und ich. Natürlich erzählte ich ihr gleich von ihrer Landsfrau, die ebenfalls in Jena wohnt. Sie hatte von ihr bereits gehört, sie aber bisher noch nicht kennengelernt.

„Na", sagte ich, „wenn es so sein soll, triffst du sie bestimmt noch."

Landsleute zu treffen ist schon etwas besonders.

Gegenüber saßen noch Benno und seine Freundin Kathy aus Österreich. Wir hatten noch einen schönen Abend bei einigen Gläsern Rotwein und interessanten Gesprächen. Zwischenzeitlich war ich auch mit der Waschmaschine an der Reihe und hatte so doch noch alle Sachen wieder sauber und trocken bekommen.

Heute waren zwei spanische Pilger zu Pferd in der gleichen Herberge angekommen. Wir trafen sie vor der Bar, als sie gerade dabei waren, ihre Pferde zu versorgen. Eine eigens mitgebrachte Drahtabgrenzung wurde aufgebaut und die Pferde mit Futter versorgt. Diese Art des Pilgerns begegnete mir an diesem Abend zum ersten Mal.

Mit der Hoffnung auf einen regenfreien nächsten Tag ging ich zufrieden ins Bett.

●

## 30. Tag: Vilaserio – Olveiroa
(21,8 km)

Als wir gestern unser Zimmer bezogen, ahnte ich schon Schlimmes. Die Gruppe Spanier aus unserem Zimmer war allgemein bekannt auf dem Camino und jeder versuchte stets eine andere Herberge zu finden als die, in der diese Gruppe über Nacht blieb. Mit meinen Ohropax konnte ich bis ca. 3:00 Uhr schlafen, danach war es aber vorbei. Das Schnarchkonzert ging langsam in einen Generalangriff auf alle übrigen Schläfer über.
Als es mir zuviel wurde, brüllte ich mitten in die Nacht: „Ruhe hier!"
Sofort herrschte Totenstille im Raum, die allerdings nur zehn Sekunden andauerte und dann ging es genauso weiter. Hier versagte selbst der beste Gehörschutz. So stand ich um 7:30 Uhr wie eine gepeinigte Seele auf.
Um 8:00 frühstückten wir und ließen uns viel Zeit damit, da es draußen immer noch regnete. Wir hofften, dass es vielleicht noch aufhören würde, aber weit gefehlt.
Martin und mir blieb keine Wahl, Rucksack auf und raus in die Natur. Als ich nach 20 Minuten wieder gut durchnässt war, ging es dann auch wieder besser. Am schlimmsten war immer der Übergang von trocken zu nass. Wenn erstmal alles nass war, störte es mich nicht mehr.
Nach neun Kilometern sahen wir Sammy in einer Bar in Santa Mariña wieder. Mit ihr saßen wir gestern Abend auch beim Abendbrot zusammen. Sie war heute Morgen bereits vor uns aufgebrochen. Als wir sie trafen,

*Regen und Nebel auf dem Weg nach Olveiroa*

bestellte sie sich gerade ein Taxi und wollte den Rest der Strecke bis ans Kap fahren, weil sie unterwegs ihren Schlafsack verloren hatte. Ich dachte nur, dass sie das schlechte Wetter auch langsam satt hatte und einfach nur ankommen wollte.

Nach einem Kaffee brachen wir wieder auf, um die letzten zehn Kilometer für diesen Tag noch zu schaffen. Zwei Kilometer vor Olveiroa, in Ponte Olveira, fanden wir noch ein Restaurant und beschlossen dort Halt zu machen.

*Benno und Kathy im Nebel*

*Friedhof kurz vor Olveiroa*

Benno und Kathy hatten wir kurz vorher eingeholt und so kehrten wir zu viert ein, um erstmal ordentlich zu essen und uns wieder etwas abzutrocknen. Wir blieben über eine Stunde dort sitzen. Wir hatten genügend Zeit und unser Ziel war nur noch knapp zwei Kilometer entfernt.

Es war fast wie ein Wunder, als wir das Restaurant verließen, zeigte sich ganz zögerlich die Sonne. Wir sogen jeden Sonnenstrahl, der uns traf, mit Freude auf. Benno und Kathy ließen sich etwas zurückfallen und so kamen Martin und ich allein in der privaten Herberge in Olveiroa an. Dort bekamen wir ein Dreibettzimmer mit eigenem Bad. Kostete zwar 20,- € pro Person, gegenüber 12,- € für ein Bett im großen Schlafsaal, aber das war es uns heute wert. Endlich mal alle Sachen auspacken und trocknen lassen. Das ganze Zimmer dekorierten wir mit unseren Klamotten. Zum Glück gab es eine Heizung, die auch funktionierte.

Zum Essen gingen wir abends in das ortsansässige Restaurant, wo wir auch Benno und Kathy wieder trafen und erstaunt erfuhren, dass sie in derselben Herberge wie wir untergekommen waren. Ein gemütlicher Abend endete mal wieder mit der Hoffnung, nun endlich das schlechte Wetter hinter uns gelassen zu haben.

•

## 31. Tag: Olveiroa – Finisterre
(32 km)

Heute wollte ich nur bis Corcubión kommen und da die Strecke nur 23 Kilometer betrug, gönnte es mir, etwas länger im Bett zu bleiben. Die letzten 10 Kilometer bis Finisterre würde ich dann morgen in aller Ruhe gehen. Gegen 7:30 Uhr war es aber vorbei mit dem Schlaf. Martin saß bereits beim Kaffee. Um 8:30 Uhr brachen wir auf.
Das Wetter sah nicht schlecht aus. Kein Regen, aber auch noch keine Sonne. Unsere Schuhe waren immer noch ein weing feucht, aber der Rest würde schon beim

*Am Ortsausgang von Olveiroa, Tradition trifft auf Moderne*

Laufen trocknen. Die beiden Pferdepilgerer, die wir in Olveiroa bereits am Abend zuvor getroffen und auch letzte Nacht auch in unserer Herberge geschlafen hatten, waren bereits eine Viertelstunde vor uns aufgebrochen. Das Pilgern hat eben viele Gesichter.

Nach gut sechs Kilometern kam auf unsere Route der Abzweig nach Muxia. Hier trennten sich unsere Wege. Martin nahm den rechten Weg nach Muxia weiter und ich den linken nach Finisterre. Wenn alles klappt, würden wir uns in ein oder zwei Tagen in Finisterre wiedersehen.

Mein Weg führte mich weiter durch eine schöne Heide- und Strauchlandschaft. Da es etwas nebelig und die Sicht nicht so gut war, konnte ich das Meer noch nicht sehen. Erst kurz vor Cée war es soweit.

Das erste Mal nach fast 900 Kilometern sah ich den Ozean. Meine Schritte wurden immer schneller. Ganz nebenbei reifte immer mehr mein Entschluss, heute doch noch bis Finisterre zu gehen. Die ersten 20 Kilometer heute lief ich ohne Pause und war deshalb bereits um die Mittagszeit in Corcubión. Die restlichen 12 Kilometer bis Finisterre würde ich auch noch schaffen.

Unterwegs überholte ich die beiden Caballeros mit ihren Pferden. Innerlich musste ich schmunzeln. Trotz einem PS mehr kamen sie auch nicht schneller voran als ich zu Fuß.

Nach weiteren fünf Kilometern legte ich aber noch mal eine Rast ein. Ich hatte heute noch gar nichts gegessen und mein Körper fand wohl auch, dass es jetzt langsam Zeit dafür würde, denn außer meinem Kaffee am Morgen in der Herberge hatte es noch nichts gegeben.

Nach einer längeren Pause und einem guten Mittagessen nahm ich dann die letzten Kilometer bis Finisterre in Angriff. Der Himmel zeigte mehr und mehr blau und die Sonne verwöhnte mich. Das war für mich ein Zeichen.

Die meisten Tage auf meinem Camino waren von schlechtem Wetter geprägt, aber die für mich wichtigen Stationen auf meinem Weg wurden jedes Mal von der Sonne begleitet. Ansonsten hielt sich das schöne Wetter eher in Grenzen. Als ich zum „Cruz de Ferro" ging, schien die Sonne; als ich mein großes Ziel in Santiago erreichte, schien die Sonne; und heute kam ich am „Ende der Welt" an und die Sonne schien. Das entschädigte mich innerlich ziemlich für all die Tage im Sturm und Regen.

*Der erste Blick aufs Meer*

Endlich erreichte ich den langen Strand von Finisterre. Ich ging nicht über die Uferpromenade, sondern diese zwei Kilometer direkt über den Strand entlang. Nach einem weiteren Kilometer kam ich im Zentrum an. Jetzt erst einmal einen guten Kaffee. Draußen in der Sonne ließ ich die Seele

*Denkmal für die Auswanderer Galiciens*

baumeln. Nach einer Herberge wollte ich später noch suchen.

Als ich so gemütlich vor dem Café saß, tippte mich plötzlich jemand von hinten an. Mandy. Sie war bereits heute Morgen hier angekommen und hatte mich hier sitzen sehen. Da gab es erstmal wieder viel zu erzählen. Zusammen gingen wir in das Pilgerbüro und holten uns unsere Urkunde, die „Finisterrana", ab.

Hier musste man bei der Erfassung auch seinen Beruf angeben. Da mein erlernter Beruf Tischler ist und in meinem spanischen Wörterbuch keine Übersetzung dafür zu finden war, konnte ich nur das englische Wort „Joiner" sagen. Damit konnte die junge Frau im Pilgerbüro aber nichts anfangen. Ich versuchte ihr zu erklären, dass ich, da ich seit mehreren Jahren bereits in einem Großhandel im Vertrieb tätig bin, in einem Büro arbeite. Das hat sie dann verstanden und somit war ich für sie ein „Oficinator". Das war mir auch egal. Hauptsache ich bekam die Urkunde. Der Rest war doch nur für die Statistik.

Mandy war bereits bei der Suche nach einer schönen Herberge fündig geworden. Somit hatte sich das Suchen für mich erübrigt.

Abends saßen wir mit mehreren Pilgerfreunden am Hafen in einer Bar zusammen. Hier trafen wir Jule aus Jena. Sie hatte nur zwei Café's weiter gesessen und wollte gerade in ihr Hotel zurück. Sofort rief ich ihr nach und als sie uns sah, kam sie auch gleich zu uns herüber. Das Lustigste in diesem Moment, endlich lernten sich nun die beiden Pilgerinnen aus Jena, die bisher immer nur von dem anderen gehört hatten, persönlich kennen.

Da fiel mir ein, was ich in der Herberge in Vilaserio zu Jule gesagt hatte.
„Wenn es so sein soll, dann trefft ihr euch auch."
Hier am „Ende der Welt" war nun dieser Moment gekommen. Wir fanden das alle sehr amüsant.
Jule, die eigentlich ins Hotel zurück gehen wollte, um dann noch ans Kap zu laufen, blieb bei uns sitzen und

*Blick in die Bucht von Finesterre*

wir verbrachten alle miteinander einen lustigen Abend. Dabei beschlossen wir, morgen Abend um 18:00 Uhr alle gemeinsam zum Kap zu laufen, dort ein ausgiebiges Picknick zu veranstalten und beim Sonnenuntergang etwas von unserer Pilgerkleidung zu verbrennen. Morgen wollte Martin hier auch ankommen. Mandy freute sich auch schon sehr ihn wiederzusehen.
Das Wetter hatte sich heute richtig gewendet. Es kam etwas von Urlaubsflair auf, da es immer wärmer wurde und der blaue Himmel die Sonne strahlen ließ. Ein schöner Tag endete für mich.

●

## 32. Tag: Finisterre

Der Tag heute begann ganz entspannt. Bei einem Frühstück mit Toast, Kaffee und frisch gepresstem Orangensaft konnte man in Ruhe über den Tag nachdenken, wobei allen klar war, dass nicht viel passieren würde. Wir waren im Urlaub! Eines konnte ich jedoch nicht aufschieben. Mein Barbestand belief sich nur noch auf ganze 3,- €, deshalb musste ich erstmal Geld vom Automaten holen. Zu dritt gingen wir anschließend zum Strand.

Meine rituelle „Fußwaschung" war bisher noch nicht erfolgt. Ursprünglich wollte ich komplett ins Meer tauchen und hatte eigens dafür auch meine Badehose nunmehr 900 Kilometer mitgetragen. Das Wasser war mir aber doch zu kalt und so beließ ich es bei den Füßen.

Die Sonne strahlte mit uns um die Wette und wir genossen unseren Strandspaziergang. In einer kleinen Strandbar ließen wir uns auf der Terrasse nieder. Ein kühles Bier war jetzt genau das Richtige. Wir blieben eine ganze Weile dort und warteten auf ankommende Pilger, denn der Camino zur Stadt ging genau hier vorbei. Leider kam niemand vorbei den wir kannten.

Am frühen Nachmittag schlenderten wir zurück zum Hafen. Jule blieb noch am Strand und Mandy ging zurück in die Herberge, weil sie sich noch etwas ausruhen wollte. Ich schlenderte noch durch den Hafen.

Auf einem Hotelbalkon entdeckte ich Benno und Kathy. Die beiden waren heute Mittag angekommen. Ich erzählte ihnen von unserem Plan, um 18:00 Uhr zum Leuchtturm zu gehen. Dass sie sich uns anschließen

wollten, war natürlich klar. Unsere Gruppe wurde langsam größer. Weiterhin kam mir im Hafen noch die Uta aus Leipzig entgegen. Ich kannte sie aus Santiago, als sie von Helmut und mir vor der Kathedrale ein Bild machte. Uta ist Lehrerin in Halle und unterrichtet Musik. Zur Zeit machte sie aber ein „Sabbatjahr".
„Oh, was ist das denn?", fragte ich nach.
„Nach drei Jahren Arbeit bei etwas weniger Lohn habe ich nunmehr ein ganzes Jahr frei und bekomme trotzdem Geld.", erklärte sie mir.
„Das würde ich auch gern machen, wo muss man denn da arbeiten?", wollte ich wissen.
„Im öffentlichen Dienst."
Da war mir alles klar. Also werde ich so was mal nie bekommen.
Auch ihr erzählte ich von dem Plan und sie war natürlich auch sofort mit von der Partie. Ich hatte gehofft Martin noch zu treffen. Er sollte heute von Muxia kommen und musste nun langsam eintreffen.
Kurz vor 16:00 Uhr brach ich auf. Ich wollte zurück in die Herberge, um auch noch etwas auszuruhen. Als ich beim nächsten Restaurant vorbeiging, sah ich Martin dort in aller Seelenruhe einen Salat essen. Na super, ich warte zwei Restaurants weiter und er sitzt bereits lange hier! Die Freude, ihn wieder zu treffen, war groß. Kurz erzählte er mir von seiner Tour nach Muxia und zusammen gingen wir zur Herberge. Mandy freute sich sehr, Martin zu sehen. Mit ihm wuchs auch unsere Gruppe für den Abend weiter an. Einem schönen Abend stand nun nichts mehr im Weg.
Gegen 18:00 Uhr stürmten wir, bewaffnet mit einem

riesigen Einkaufswagen, das örtliche FROIZ (spanischer Supermarkt) und kamen bepackt mit zig Tüten wieder heraus. Da half nur eins, Martin´s Rucksack, in dem alles verstaut wurde und der nun zum ersten Mal so schwer war, dass es Martin förmlich nach hinten zog. Seinen ganzen Camino hatte er nie so einen gewichtigen Rucksack getragen.

Der Weg zum Kap war noch mal gut drei Kilometer und wir gingen bei schönstem Wetter zusammen zum Leuchtturm. Dort steht auch der letzte Stein am Wegesrand mit der Jakobsmuschel und der Kilometerangabe 0,00 K.M. Spätestens jetzt merkten wir, dass wir das eigentliche Ende des Jakobswegs erreicht hatten.

Der „Camino a Fisterra" endet hier. Auf dem großen Granitfelsen vor dem Leuchtturm bekamen wir ein super Panorama geboten. Der Ausblick war einfach fantastisch. Schnell fand sich ein schönes Plätzchen und das mitgebrachte Essen und Trinken wurde ausgepackt. Wir hatten viel Spaß.

Kurz vor Sonnenuntergang kam noch eine Gruppe spanischer Frauen auf den Felsen und begannen galicische Lieder, begleitet von dem Tamboril (eine kleine Trommel), zu singen. Galicische Lieder erinnern sehr an keltische Musik.

*Der letzte Stein am Leuchtturm*

Besser konnte unser Abend nicht begleitet werden. Es machte sich ein bisschen Gänsehautgefühl breit. Als gegen 21:30 Uhr die Sonne im Meer versank, begannen wir mit der offiziellen Verbrennung unserer Pilgerkleidung. Ich verbrannte mein Regencape. Es hatte mich den ganzen Weg begleitet, aber zuletzt doch seinen Dienst versagt.

Der Sonnenuntergang, ein Bild wie aus einem Hochglanzprospekt. Die Sonne versank im Meer, gerade so, als wenn der Ozean sie aufsaugen würde. Die Sicht war so fantastisch, dass wir dachten, wir könnten bis Amerika blicken und die Freiheitsstatue sehen. Genau so sollte die letzte große Station auf meinem Weg sein. Es war einfach traumhaft. Ich empfand es als eine Belohnung für den weiten Weg. Mit unseren Stirnlampen traten wir den Heimweg an. Bei uns allen herrschte Einigkeit darüber, dass wir uns diesen schönen Tag mehr als verdient hatten.

•

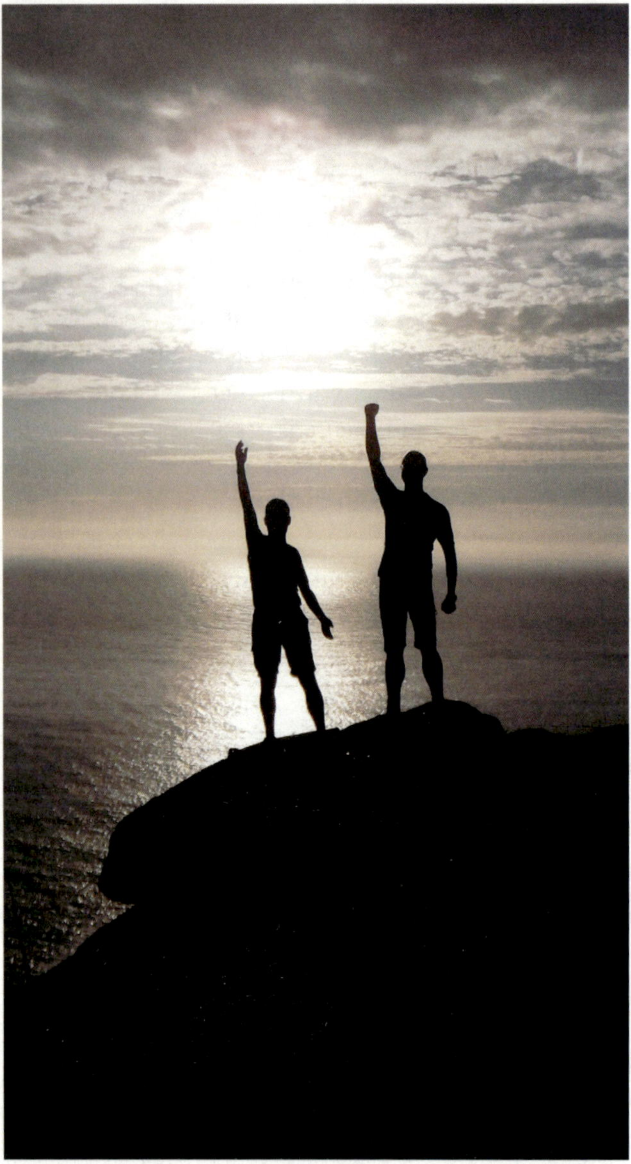

## 33. Tag: Finisterre

Heute wollte ich den Weg nach Muxia antreten. Als ich aber am Morgen den strahlend blauen Himmel sah, änderte ich meinen Plan. Da ich noch ein paar Tage Zeit hatte, konnte ich ohne Probleme noch einen weiteren Tag hierbleiben. Leider war für Jule, Martin, Benno und Kathy heute der Tag der Abreise gekommen. Am Morgen setzten wir uns in ein Café am Hafen und genossen die Sonne. Wir plauderten über unsere Zeit in Spanien, den Camino, das Leben und das Leben nach dem Camino. Jeder war vom Camino infiziert worden und wollte auf jeden Fall wiederkommen. Gegen Mittag gingen wir alle zusammen zum Bus und verabschiedeten uns von den Vieren. Das war schon ein komisches Gefühl. Die gemeinsame Zeit war nunmehr endgültig vorbei. Ich glaube, es war jedem recht wehmütig zumute. Aber das ist Teil des Weges, Freunde kennenlernen und wieder gehen lassen. Noch einmal winken und dann war der Bus weg.

Ich verbrachte den Nachmittag am Strand und da das Wetter so schön war und die Sonne ordentlich brannte, wagte ich mich ins Meer. Meine „Reinigung" war somit doch noch erfolgt. Am Abend waren wir im Hafen zum Essen und stießen dort auf ein paar bekannte Freunde, unter anderem auch die beiden Caballeros. Sie saßen im Restaurant nebenan und ließen es sich schmecken. Ich begegnete ihnen oft in den letzten Tagen und bewunderte ihren Mut, den Weg mit einem Pferd gemacht zu haben. Ich hatte nur für mich selbst die Verantwortung, aber sie mussten sich jeden Tag auch um ihre treuen

Träger kümmern. So ein Tier braucht genauso Essen und Trinken und einen Platz für die Nacht. Belustigt stellte ich fest, dass Beide abends mit dem Handy dasaßen. Sicher schrieben sie auch eine kleine Botschaft nach Hause. Der Gedanke daran, dass sie den ganzen Tag auf einem Pferd pilgerten, was für mich etwas von Cowboyromantik hatte, um sie abends dann wieder voll in der „Moderne" zu sehen, war irgendwie lustig. „Ein Cowboy und ein Handy", wäre die passende Überschrift gewesen.

Morgen sollte es wieder weitergehen. Ich vermisste die letzten beiden Tage bereits das Wandern. Irgendwie hatte ich das Gefühl, dass mir das „Pilgerfeeling" verloren gegangen war. Es wurde Zeit für mich, wieder aufzubrechen.

●

## 34. Tag: Finisterre – Lires
(14,5 km)

Bei schönem Wetter begann unsere Wanderung am Morgen. Endlich wieder den Rucksack auf und raus. Uta wollte heute auch nach Muxia laufen, wir wussten aber nicht, wann sie starten wollte, da sie ein Zimmer im Hotel hatte. Vielleicht würden wir sie unterwegs treffen.

Gerade, als wir aufbrechen wollten, trafen wir in unserer Herberge ein französisches Ehepaar, das gestern von Lires gekommen war. Sie gaben uns den Rat, unbedingt heute Abend in Lires zu bleiben. Am Abend wäre dort ein großes Fest. Einen Tag mehr für den Weg bis Muxia konnte ich gut einplanen, da mein Flug nach Hause erst für den Mittwoch gebucht und heute erst Sonntag war. Der Weg nach Lires schlängelte sich durch schöne Eukalyptuswälder, kleine Dörfer und Heidelandschaften. Die Sonne brannte ganz schön auf uns herab und am Ende waren wir froh, heute nur 14 Kilometer gehen zu müssen. Lires war zwar nur ein kleines Dorf, hatte aber einige gute Pensionen. Für nur 15,- € bekamen wir jeder ein super Zimmer mit eigenem Bad.

*Auf dem Weg nach Lires*

Später kam auch noch Gerald aus Holland in dieselbe

*Am Strand in Lires*

Pension. Gerald kannten wir bereits aus der Pension „Paloma y Lena" in San Mamede. Zu dritt ließen wir uns an dem, nur einen Kilometer entfernten, Strand nieder und genossen dort unser „Pilgerleben". Irgendwie hatte ich ein seltsames Gefühl dabei. So viele Wochen bei schlechtem Wetter jeden Tag zu laufen und jetzt hier faul am Strand zu liegen? Ich fühlte mich gar nicht mehr als Pilger. Aber schön war es allemal.

Den Abend verbrachten wir in der einzigen ortsansäs-

*Dorffest in Lires*

sige Bar. Vor der Bar befand sich der Dorfplatz. Gerade als wir ankamen, begann dort das besagte Fest.
Bunt angezogene Männer, Frauen und Kinder tanzten nach der Musik galicischer Dudelsäcke und Trommeln. Wieder diese keltisch klingende Musik, die ich doch so mag. Mit den begleitenden Dudelsäcken hörte sich die Musik richtig gut an. Obwohl es nur ein kleines Dorf war, hatten sich sehr viele Menschen dort versammelt und schauten den Gruppen beim Tanzen zu. Bei unserem Abendessen saßen am Nebentisch zwei Pilgerinnen aus Schweden und den USA mit einem Pilger aus Vietnam zusammen. Wir waren sicherlich die einzigen sechs Pilger, die an diesem Tag in Lires übernachteten.
Gegen 22:00 Uhr gingen wir zurück zur Pension. Morgen würde es zur letzten Etappe gehen. Je länger ich darüber nachdachte, um so mehr machte mich das unruhig. Das Ende war in Sicht und ich war mir nicht sicher, ob ich mich darüber freuen sollte.

•

## 35. Tag: Lires – Muxia
(16 km)

Mit einem guten Frühstück begann unser Morgen. Das nette Vermieter-Ehepaar versorgte uns vorzüglich. Selbst der frisch gepresste Orangensaft fehlte nicht. Die beiden waren einfach umwerfend mit ihre Fürsorge und Freundlichkeit. Der Tipp von dem französischen Ehepaar war echt gut gewesen. Nach einer herzlichen Verabschiedung trat ich heute den letzten Teil meiner Wanderung an.

Das Wetter hatte sich etwas abgekühlt und die Sonne wollte sich auch noch nicht so recht sehen lassen. Zum Wandern war es aber perfekt. Noch mal die Natur genießen und dem Klang der Wanderstöcke lauschen. Jetzt kamen wirklich die letzen Kilometer einer so langen Wanderung. Alles in allem waren es doch fast 1.000 Kilometer geworden. Eine unglaubliche Zahl.

Obwohl ich mit Mandy zusammen aufgebrochen war, Gerald wollte weiter nach Finisterre, gingen wir doch die meiste Zeit alleine. Jeder hing so seinen Gedanken nach. Gegen 13:00 Uhr liefen wir in Muxia ein. Im Pilgerbüro bekamen wir noch eine Pilgerurkunde, die „Muxiana", das war jetzt meine dritte.

Direkt an der Uferpromenade fanden wir ein Hotel, in dem Pilger für nur 20,- € ein einchecken konnten. Das war es uns natürlich wert. Mein Zimmer hatte große Fenster und der Ozean lag direkt davor. Ich brauchte nicht mal vom Bett aufstehen und konnte trotzdem aufs Meer blicken. Lange lag ich auf meinem Bett und träumte vor mich hin. Hier ist das Ende erreicht. Mor-

*Das Kap von Muxia*

gen würde ich zurückfahren und meine großes Abenteuer wäre vorbei.

Später wanderten wir ans Kap von Muxia. Muxia liegt in der Nähe der „Costa da Morte" (Todesküste). Der Name stammt wohl daher, dass früher viele Schiffe vor der Küste verunglückten. Als Zeichen des Schutzes für die Fischer und Seeleute wurde die Kirche „Santuario de Nosa Senora da Barca", was so viel heißt wie „unsere Frau vom Boot" um das Jahr 1600 gebaut. Leider war die Kirche abgeschlossen und man konnte nur durch die Gittertür ins Innere blicken.

Es war ziemlich windig, aber die Sonne schien wieder und zwischen den Felsen fanden sich windgeschützte Stellen. Die Felsen waren von der Sonne aufgeheizt. Als wir dort saßen, sprachen wir über die letzten Wochen, was jeder so erlebt hatte, wen er alles getroffen und kennen gelernt hatte und wie für ihn der Camino in Erinnerung bleiben würde. Dass es etwas Besonderes bleiben würde, war klar.

Nach dem Abendessen im Hotel mussten wir uns dann verabschieden. Mandy hatte noch einen Tag länger als ich und wollte morgen bereits früh aufbrechen, um nach Olveiroa zu laufen. Mit den besten Wünschen für den restlichen Weg und eine glückliche Ankunft in der Heimat verabschiedeten wir uns.

•

### 36. Tag: Muxia – Santiago
(Busfahrt)

Als ich am Morgen aufstand und ins Restaurant zum Frühstück ging, sagte mir die Hotelchefin, dass Mandy bereits unterwegs sei. Irgendwie war ich ein bisschen neidisch auf sie. Das Wetter war traumhaft heute und sie konnte schon wieder mit ihrem Rucksack wandern. Groß war meine Freude auf die baldige Heimkehr. Ganz in Ruhe frühstückte ich, um dann so langsam meinen Rucksack zu packen. Mein Bus fuhr erst um 14:30 Uhr und ich hatte noch viel Zeit.

Noch während des Frühstücks kamen zwei ältere Pilgerinnen aus Deutschland hier im Hotel an, die ich bereits ein paar Mal auf dem Camino getroffen hatte. Auch die Beiden erkannten mich gleich wieder und wir beglückwünschten uns noch gegenseitig auf unser bestandenes Abenteuer.

Da ich noch Zeit bis zur Abfahrt hatte, schlenderte ich noch etwas durch den Hafen. Vor dem Pilgerbüro fand ich plötzlich einen Pilgerpass. Den musste kurz vorher jemand verloren haben. Sofort ging ich ins Pilgerbüro hinein und hoffte dort den Verlierer des Passes zu finden. Es war aber kein Pilger mehr dort. Der Mann im Büro konnte mir auch nicht weiterhelfen. Ich sah in seinem Buch, dass es ein Pilger aus Deutschland war und der Name stand ja im Pilgerpass. Also nahm ich den Pass an mich und ging wieder Richtung Hotel.

Vor einer Bar sah ich einige Leute sitzen und fragte dort auch gleich nach. Volltreffer! Hier saß der zugehörige Pilger von dem Pass, den ich in der Tasche trug. Dass er den Pass verloren hatte, war ihm bis dahin noch gar nicht aufgefallen. Um so mehr freute er sich, ihn wieder zu haben. Das musste natürlich mit einem Bier begossen werden. Gar nicht auszudenken, wenn mir das passiert wäre. Über 900 Kilometer Fußmarsch, um diese Stempel zu bekommen und am Ende verloren. Diesen Gedanken verbannte ich sofort wieder aus meinem Kopf.

Pünktlich um 14:30 Uhr fuhr mein Bus. Die Fahrt verlief ohne Probleme. Ich hing während der ganzen Fahrt meinen Gedanken nach und beobachtete die Leute, die an den einzelnen Stationen ein- und ausstiegen. Als ich in Santiago ankam, hatte ich die Herberge des „Seminario", gleich neben der Kathedrale als Unterkunft für die letzte Nacht ausgesucht. Leider erhielt ich auf meine Frage nach einer „habitación individual" nur die Antwort „completto" (alle Betten belegt), es war ja auch bereits nach 17:00 Uhr.

Zum „Seminario" gehört auch ein Hotel. Dort bekam ich noch ein Einzelzimmer für 35,- €. Dafür gab es aber auch ein eigenes Bad und das Frühstück war auch inklusive. Für die letzte Nacht auf dem Camino vollkommen ok. So konnte ich morgen früh in aller Ruhe meinen Rucksack ordnen und alles für den Heimflug vorbereiten.

Gegen 18:00 Uhr ging ich zur Kathedrale. Vielleicht würde ich noch jemanden treffen. Auf dem Weg von der Kathedrale zur Altstadt lief ich dann prompt Uta aus Leipzig in die Arme. In Muxia hatten wir uns verfehlt, aber jetzt trafen wir uns doch noch mal wieder. Wir verabredeten uns zum gemeinsamen Abendessen.

„Um 19:00 Uhr treffen wir uns vor der Kathedrale und dann suchen wir uns ein schönes Restaurant.", sagte ich zu ihr.

Ich schlenderte weiter durch die Gassen der Altstadt. Vor mir tauchte plötzlich ein Strohhut auf, der mir bekannt vorkam. Schon von weitem erkannte man, dass dieser Hut schon viele Kilometer hinter sich hatte. Ich werde doch nicht das Glück haben und meinen Freund, den Karl aus Karlsruhe, hier wieder treffen? Der Tag, an dem wir uns das letzte Mal trennten, lag bereits fast vier Wochen zurück.

„Nein, das kann er nicht sein, da ist eine Frau bei ihm und er war, genau wie ich, alleine unterwegs. Auch hatte dieser Mann ein Vollbart." ,überlegte ich.

Betont langsam ging ich an den Beiden vorbei.

Plötzlich eine Stimme: „Volker?"

Da kam Karl auf mich zu und dann war alles klar. Seine Frau wollte nach Sarria kommen, um von dort mit ihm zusammen nach Santiago zu wandern. Er war es wirklich und die Freude, uns nach fast vier Wochen wiederzusehen, war einfach unbeschreiblich. Auf dem Camino geht niemand verloren und jeder Tag bringt eine neue Überraschung. Das hätte ich niemals geglaubt, dass wir uns hier noch mal sehen würden, nach fast 30 Tagen. Unsere Umarmung war lang und herzlich.

Zusammen machten wir uns auf den Weg, zurück zur Kathedrale, um Uta abzuholen. Zu viert suchten wir eine typisch spanische Tapasbar auf, aßen, tranken und redeten von der Zeit zwischen Verabschieden und Wiedersehen. Kaum zu glauben, wie viele Freunde er getroffen hatte, die ich auch kannte. Ryan aus Texas, Marco aus Slowenien, Jonny aus Spanien, Monika aus Polen, er kannte sie auch alle und hatte sogar mit Monika schon vereinbart im Spätsommer mit dem Motorrad nach Polen zu kommen. Es war einfach unglaublich.

Wir erlebten noch einen richtig gemütlichen Abend. Karl erzählte mir noch, dass er während seiner Wanderung 100 Fragen und 100 Antworten zum Camino aufgeschrieben hatte. Wir tauschten unsere E-Mail Adressen mit dem Versprechen, dass er mir seine Fra-

*Blick auf die Kathedrale*

gen und Antworten schicken wird. Bestimmt würde ich viele gleiche Fragen und Antworten darin finden, dir für mich genauso zutreffen.

Gegen 22:00 Uhr verabschiedeten wir uns, diesmal bestimmt für immer. Eine tolle Bekanntschaft ging jetzt hier zu Ende. Aber die Hoffnung bleibt, man trifft sich im Leben immer zweimal und dass wir uns schreiben würden, war fest vereinbart. Ich war sehr glücklich über das unverhoffte Wiedersehen. Zu gern hätte ich auch Jeremy mit seiner Frau Halina noch einmal getroffen. Ich dachte an den Moment, als wir in der Kirche in Carrión de los Condes zusammen waren und er mich fest an sich gedrückt hatte, oder an den Morgen in der Herberge in León. Wir hatten viele tolle Moment zusammen erlebt. Seine E-Mail Adresse hatte ich zwar bei seiner Ankunft in Santiago in meine Handy geschrieben, doch irgendwas ging schief und sie war nicht mehr da. Ich war sehr traurig darüber, würde ich ihm doch nun nichtmal schreiben können Später, als ich wieder zu Hause angekommen war, fand ich ihn aber glücklicherweise bei Facebook wieder und konnte so wieder Kontakt mit ihm aufnehmen.

Morgen sollte es wieder nach Hause gehen. Darauf freute ich mich mehr und mehr. Mir ging es wie am ersten Tag in Saint-Jean-Pied-de-Port, ich schlief bestimmt mit einem Lächeln ein. Ein großes Abenteuer geht morgen zu Ende und morgen erwarten mich meine Frau, meine Kinder und meine lieben Freunde zu Hause wieder. Kann es etwas Schöneres geben? Nein!

•

## 37. Tag: Santiago – Heyerode

Heute war der Tag meiner Heimreise. Nach fast 1.000 Kilometern Fußmarsch ging es heute wieder zurück in die Heimat. Ich konnte es kaum erwarten. Die Zeit hier war nun doch so schnell vergangen. Ich hatte auf meinem Weg viel erlebt, gute Freunde kennengelernt, körperliche Grenzen ausgelotet, war mit wenig ausgekommen, hatte Tiefs überwunden und Hochs erleben dürfen. Mein Weg war sehr facettenreich, aufregend, deprimierend, anstrengend und auch leicht, oft allein, aber doch nie alleine. Ich glaube, es gibt nicht genug Adjektive, um diesen Weg, meine Erlebnisse und Empfindungen zu beschreiben.

Nach dem Frühstück im „Seminario" bummelte ich ein letztes Mal über den Platz vor der Kathedrale. Etwas wehmütig war mir schon zumute, aber es überwog die Freude auf die bevorstehende Heimkehr.

Mit dem Bus fuhr ich zum Flughafen. Mein Flug hatte leider Verspätung. Ich wollte in Frankfurt den Zug um 18:11 Uhr erreichen. Dafür hatte ich aber nur ca. 45 Minuten Zeit ab meiner Landung. Ich musste ja auch noch ans Gepäckband und meinen Rucksack holen. Die Hoffnung schwand, den Zug würde ich nicht schaffen. Der nächste Zug fuhr eine Stunde später. Leider konnte ich nichts daran ändern, also musste ich mich bereits im Vorfeld damit abfinden.

Der Flug verlief ohne Probleme. Ich dachte schon daran, wie es sein wird, wenn ich wieder in Eisenach am Bahnhof stehe und Ulrike wiedersehen werde. Kurz vor Frankfurt teilte uns der Flugkapitän mit, dass er aufgrund erhöhten Verkehrsaufkommens erst 15 Minuten später landen könne. „Was soll's, meinen Zug kriege ich eh nicht mehr" dachte ich. Nach der Landung ging ich gleich zum Gepäckband. Mein Rucksack ließ auch nicht lange auf sich warten. Ein letztes Mal schnallte ich ihn auf den Rücken und begab mich zum Ausgang. Dort standen viele Leute und warteten auf ihre Angehörigen oder Freunde. Ich wünschte mir in diesem Moment, dass dort auch meine Frau und unsere Freunde warten würden, aber das war ja nicht geplant, ich würde ja in Eisenach abgeholt werden.

Ich verabschiedete mich noch von zwei Pilgerinnen, die auch mit im selben Flugzeug waren, und ging dann langsam Richtung Fernbahnhof.

Plötzlich hörte ich hinter mir eine Stimme:

„Sie können langsam gehen, Ihr Zug ist schon weg."

Als ich mich umdrehte, glaubte ich zu träumen. Da standen meine Frau und unsere Freunde Andreas und Karina. Die drei hatten schon lange heimlich geplant, mich in Frankfurt abzuholen. Es sollte für mich eine Überraschung werden und die war ihnen bestens gelungen. Nacheinander fiel ich allen um den Hals. Da standen sie alle drei und freuten sich wie ein paar kleine Kinder über ihren tollen Plan, mich zu überraschen und ich stand da und mir liefen die Tränen nunmehr zum vierten Mal übers Gesicht. Ich war einfach nur glücklich. Die Überraschung war ihnen wirklich gelungen. In diesem Moment wusste ich genau, ich war wieder zu Hause.

•

# Meine Erfahrung

Der Jakobsweg war für mich etwas ganz Besonderes. Viel hatte ich vorher gelesen und gehört. Vieles von dem habe ich ebenfalls erlebt, aber meine Erfahrungen habe ich für mich selbst gemacht. Der Weg hat mir Kraft gegeben, Kraft, mich selbst besser einschätzen zu können.

Die Erlebnisse unterwegs waren durchweg positiv. Körperliche Tiefs habe ich schnell überwunden. Die Freude am Laufen ist mir nie abhanden gekommen. Jeder Tag hielt neue Abenteuer für mich bereit. Ich hätte niemals geglaubt, dass man es schafft, an „Nichts" zu denken. Es geht wirklich. Der Kopf war frei von allem. Alles andere ist in den Hintergrund gerückt.

Gezählt hat nur der Weg. Jeden Tag läuft man diesen gelben Pfeilen hinterher und freut sich am Abend, wieder eine Etappe geschafft zu haben. Man hat das große Ziel vor Augen und denkt doch nur an den nächsten Tag. Der Weg zum Gipfel fängt im Tal an und besteht aus vielen einzelnen Streckenabschnitten. Wenn einem dieses bewusst wird, hat man schon gewonnen.

Dieses Gefühl bringt man mit nach Hause. Natürlich holt dich der Alltag schnell wieder in die Wirklichkeit zurück, aber ein Stück Gelassenheit ist geblieben und der Traum vom nächsten Camino. Ich habe auf meinem Camino 7 kg Körpergewicht verloren und viele gute Freunde gefunden.

●

**Fazit**

Wenn ich ein Fazit aus diesem Erlebnis ziehen kann, dann auf alle Fälle eines:
Diesen Weg zu gehen, kann ich nur empfehlen. Den „Spirit" des Caminos kann man nicht erklären, aber wer immer schon einmal mehr über sich selbst erfahren wollte, wer Freude am Wandern hat, wer Menschen treffen möchte, wer seine Grenzen erkunden möchte oder einfach nur Freude am Schönen hat und die Natur genießen möchte, der sollte diesen Weg gehen.
Die Stille während der Wanderschaft lässt die vielen „wichtigen" Dinge des Lebens so klein erscheinen und man erkennt, wie unwichtig doch vieles ist.

Es kommt gar nicht darauf an, wie viele Kilometer man geht. Wenn es nur die letzten 100 Kilometer von Sarria bis Santiago sind oder die 800 Kilometer von Saint-Jean-Pied-de-Port oder wie viele auch immer, der Weg ist das Ziel! Mit jedem Kilometer, den man läuft, wird die Freude größer. Wenn man in Santiago ankommt, erwartet einen nicht nur der Stolz auf das Geschaffte, sondern auch eine innere Zufriedenheit.
Allen, die bereits überlegen oder bereits planen, mal „kurz weg zu sein",
rufe ich heute schon „Buen Camino" zu.